SOCIÉTÉ DES ARTISTES INDÉPENDANTS

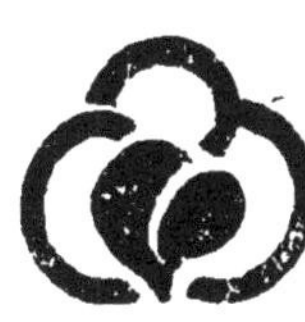

CATALOGVE

DE LA

25ᴹᴱ EXPOSITION

19 09

1909

———— ✳ ————

25ᵉ EXPOSITION

Jardin des Tuileries

Serres de l'Orangerie

Du 25 Mars au 2 Mai

De 9 heures à 6 heures

MM. BERNHEIM JEUNE & Cie

EXPERTS PRÈS LA COUR D'APPEL

EXPOSITIONS

15, RUE RICHEPANSE

Magasins à Paris :

25, boulevard de la Madeleine ;

15, rue Richepanse ;

36, avenue de l'Opéra.

La Société des
" Artistes Indépendants "
basée sur la suppression des Jurys
d'admission, a pour but de permettre aux
Artistes de présenter librement
leurs œuvres au jugement
dn Public.

MEMBRES D'HONNEUR

CHABERT et DELHOMME. conseillers municipaux de Paris (décédés).

LEBRUN, attaché au Secrétariat du Conseil municipal de Paris (décédé).

NUMA-DROZ, ancien Président de la Confédération Helvétique, Chef du Département des Affaires Etrangères. Conseiller Fédéral Suisse (décédé).

DUJARDIN-BEAUMETZ, Sous-Secrétaire d'Etat aux Beaux-Arts.

DUFOUR, député.

MITHOUARD, TUROT, POIRY, CHÉRIOUX, Paul ESCUDIER, QUENTIN-BAUCHARD, conseillers mucipaux de Paris.

DAVRIGNY, ancien Vice-Président.

FULLER. Sociétaire depuis 1884.

Membre Fondateur : DUBOIS-PILLET, décédé le 17 août 1890.

—•••—

COMITÉ

Président Honoraire :

E. VALTON, rue Saint-Vincent, à Maule (Seine-et-Oise).

Président :

SIGNAC, 16, rue La Fontaine (16e).

Vice-Présidents -

PAVIOT, 63, rue Caulaincourt (18e).
LUCE, 102, rue Boileau (16e).

Secrétaire :

SÉGUIN, 10, rue des Buissons, La Garenne-Colombes (Seine).

Secrétaire-adjoint :

Paul DELTOMBE, 25, rue Daguerre (14e).

Trésorier :

PÉRINET. 7, rue de Cîteaux (12e).

Membres :

CARIOT. à Périgny-sur-Yerres, par Mandres (Seine-et-Oise).

HERMANN-PAUL, 12, rue Faustin-Hélie (16e).

JANSSAUD, 9, impasse de l'Astrolabe (15e).

KLINGSOR, 28, avenue du Parc-Montsouris (14e).

LAPRADE, 14, rue Mayet (6e).

LEBASQUE, 15, avenue Perrichont (16e).

LEMPEREUR, 25, rue Victor-Massé (9e).

MADELINE. 17, quai Voltaire, 7e.

MARQUE (Albert), 62. rue Bargue (15e).

MARQUET, 19. quai St-Michel (5e).

MANGUIN. 7, rue Saint-James, Neuilly-sur-Seine.

HENRI-MATISSE, 33. boulevard des Invalides.

PATERNE-BERRICHON. 18, avenue de la Frillière (16e).

POULAIN. 35. rue Linné (5e).

Conseil Judiciaire :

Me Gustave FORTIER, avocat à la Cour d'appel. 22, r. Gay-Lussac (5e).
Me Eugène CAHON, avoué de 1re instance, 25. r. Gay-Lussac (5e).

Agent comptable :

A. ROUTIER, 57, rue du Troisy, Clamart (Seine).

COMMISSION DE PLACEMENT

Président. . . . . URBAIN.
Secrétaire . . . . GIRAN-MAX.

PEINTRES

BÉNONI-AURAN.	LUCE.
CARIOT	MADELINE.
CHÉNARD-HUCHÉ.	MANGUIN.
PAUL DELTOMBE.	OTTOZ.
FRIESZ.	PATERNE-BERRICHON.
GIRAN-MAX.	PAVIOT.
JANSSAUD.	PETITJEAN.
KLINGSOR.	SIGNAC.
LAPRADE.	TURIN.
LEBASQUE.	URBAIN.

SUPPLÉANTS

CHARLES CAMOIN.	LE BEAU.
DELESTRE.	OTTMANN.
GABRIEL ROUSSEAU.	PLUMET.
LACOSTE.	ROUSTAN.
LE BAIL.	LUDOVIC VALLÉE.

SCULPTEURS

BOURGOUIN.	ALBERT MARQUE.
HALOU.	SOLIVA.
LOYSEL.	

Jardin des Tuileries

DÉSIGNATION [1]

AARY (Max), né à Toulouse. — 11, rue Baour-Lormiau, Toulouse.

   1 Toilette (statue plâtre).
   2 Femme accroupie (statuette).

ABONNEL (Michel), né à Clermont-Ferrand (Puy-de-Dôme). — 65, rue Blomet, Paris.

   *__3__ Vieille Tuilerie à Chamarande, S.-et-O. (Après la pluie).
   *__4__ Route de Royat à Clermont-Ferrand.

---

(1) L'astérisque placé à côté des numéros indique les œuvres à vendre.

On peut se procurer, au Secrétariat de l'Exposition, tous les renseignements nécessaires à l'achat des ouvrages, prix des œuvres et adresses des auteurs.

Un papillon rouge mis sur les tableaux indiquera les œuvres vendues.

ABRAMOVITZ (Albert), né à Riga (Russie). —
3, boulevard Bessières, Paris.

*5   Conte de Fée.
*6   Après-midi d'été.

ACHENBACH (Gabrielle), née à Nucourt (Seine-
et-Oise). — 7, rue Scheffer, Paris.

7   Etude de Jeune fille.
8   Nature morte.

AGUTTE (Mme Georgette), née à Paris. — 11, rue
Cauchois, Paris.

*9   Le soir dans les îles.
*10   L'île aux dames.

ALDER (Emile), né en Suisse. — 3, rue Charles-
Nodier, Paris.

*11   Maderanertal (Suisse).
*12   Le Rautispitz, Glarus (Suisse).

ALEXANDRE (Mlle Eva), née à Limoges. — 9,
place d'Aine, Limoges.

*13   Paysage (Un coin du Luxembourg).
*14   Fleurs de chrysanthèmes.

ALEXANDROVITCH (A.-J.) — 179, avenue d'Argenteuil, Asnières (Seine).

    *15 L'Énigme (peinture).
    *16 Une Vie (pastel).

ALLAIN (René), né à Baccarat (Meurthe-et-Moselle). — Vierzon-Forges (Cher).

    *17 Coin de Parc (Berry).
    *18 Le Hameau des Roses (Berry).

ALLUAUD (Eugène), né à Limoges. — 128, rue Grange-Garat, Limoges.

    *19 Danseuse au Bouquet.
    *20 Nature morte.

ALTAMURA (Sandro), né à Florence. — 18, rue Brunel, Paris.

    21 Diane (Versailles).
    22 Etude.

ALTMANN (Alexandre), né à Odessa. — 2, passage de Dantzig, Paris.

    23 Environs de Paris.
    24 Etude.

ALY (Gustave), né à Arras (Pas-de-Calais). — 3, rue Brodu, Paris.

*25 Marine.
*26 Marine.

AMIET (Cuno), né en Suisse. — Oschwand, par Rietwil, canton de Berne (Suisse).

27 Portrait du sculpteur Rodo de Hiederhausern.

ANCELME (Narcisse), né à Pillon (Meuse). — 20, rue des Martyrs, Paris.

*28 Soir d'automne (allée de Marnes).
*29 Soir d'automne (parc de St-Cloud).

ANDRÉ (Eugène-Gabriel), né à Bayeux (Calvados). — 6, rue du Bac, Charenton (Seine).

*30 Meules (coup de vent à la fin de la journée).
*31 Les Meules (après la pluie).

ANGEBEAUX (Evariste), né à Paimbœuf (Loire-Inférieure). — 79, rue Boursault, Paris.

*32 Nature morte.
*33 Nature morte.

ANGRAND (Charles). — Saint-Laurent-en-Caux
(Seine-Inférieure).

> *34 Le foin.
> *35 La poutre.

ANDRÉ-FAURE (Louis), né à Philippeville (Algérie). — 3, rue Racine, Paris.

> *36 Table au Soleil.
> *37 Nu.

ANITCHKOF (Alexandre), né à Saint-Pétersbourg.
— 59, rue des Saints-Pères, Paris.

> *38 Hiver (Nord de la Russie).
> *39 Septembre (Nord de la Russie).

ANTHONE (Armand), né à Paris. — Les Sables
Blanc-Mesnil (S.-et-O.).

> 40 Bord de l'Hudson (Côté de New-Jer-
>   sey, Amérique).
> 41 Automne à Broux-Park (New-York),
>   Amérique).

ANTIGNA (Marc), né à Paris. — Montigny-sur-Loing (S.-et-M.) et 11, rue Barye, Paris.

    *42   Dessus de porte.
    *43   Une vitrine contenant 11 miniatures sur ivoire :
        1. Enfant.
        2. Princesse Louise.
        3. Sarah Bernhardt.
        4. Prière.
        5. Mlle Lavallière.
        6. Miss G. Millar.
        7. Mlle A. Dorgère.
        8. Vierge.
        9. Bonbonnière.
        10. Bonbonnière.
        11. Bonbonnière.

ARADY AUREL, né à Arad (Hongrie). — 3, rue Campagne-Première, Paris, chez M. Della-Corte.

    *44   Moret-sur-Loing.
    *45   Nature morte.

ARNAVIELLE (Jean), né à Paris. — 5, rue d'Alençon, Paris.

    *46   Une allée à Versailles.
    *47   Un bassin à Versailles.

ARTIGUE (Bernard-Joseph), né à Muret (Haute-Garonne). — Blaye, par Carmaux (Tarn).

> *48 L'aveugle.
> *49 Toilette pour la Procession.

ASSELIN (Maurice), né à Orléans) . — 51, boulevard Saint-Jacques, Paris.

> *50 Profil de jeune Italienne.
> *51 Lavoir à Moëlan.

AUBRY (Charles-Albert), né à Paris. — 11, rue Boyer-Barret, Paris.

> *52 Les vieux poiriers.
> *53 Sortie de la Sente.

AZAM (Barthélemy), né à Toulouse. — 49, rue du Moulin-Vert, Paris.

> *54 Le goûter.
> *55 Etude.

ASCENSIA (Martiareno), né à San Sebastian. — 9, Rivera Zumaya (Espagne).

> *56 Costa del Cantabrico.
> *57 Una Serrana.

ARMINIA (Mme Babaïan-Carbonell), née à Tiflis (Caucase). — 32, rue de la République, Meudon Seine-et-Oise).

    *58 Nature morte.
    *59 Nature morte.

BACH (Marcel), né à Bordeaux. — 7, rue Alain-Chartier, Paris.

    *60 Nature morte.
    *61 Ferme dans le Midi.

BACHMANN (A.-J.), né à Lausanne. — 7 *bis*, rue Denis-Gogue, Clamart (Seine).

    62 Coucher de soleil (Italie).
    63 Campement de Bohémiens.

BAILLEUL (Edmond), né à Lille (Nord). — 52, rue Lhomond, Paris.

    *64 Paysage.
    *65 Paysage.

BAILLY (Charles-Adolphe), né à Paris. — 21, rue de Cronstadt, Bécon-les-Bruyères (Seine).

    *66 Soir (hameau dans la Nièvre).
    *67 Matinée d'automne (Ville d'Avray).

BAL (Frank),. — 5, rue Dailly, Saint-Cloud (Seine-
et-Oise).

> ***68** Parc de Saint-Cloud.
> ***69** Parc de Saint-Cloud.

BALLY (Mlle Alice), née à Genève. — 11, rue
Boissonade, Paris.

> ***70** Etude.
> ***71** Etude (Torse de Femme).

BALTUS (Jean). — 42, rue d'Angleterre, Lille
(Nord).

> **72** Printemps.

BARAT-LEVRAUX (Georges), né à Blois. — 103,
rue Caulaincourt, Paris.

> **73** Blenheim (Appartient à M. D...).
> ***74** Mer bleue.

BARBEY (Valdo-Louis), né à Valleyres. — 1, rue
des Saints-Pères, Paris.

> ***75** Le Vallon.
> ***76** Les Pommiers.

BARBILLION (Lucien), né à Senlis (Oise). — 24, avenue de l'Observatoire, Paris.

77 Eglise de Bernières-sur-Mer.
78 Paysage.

BARCET (Emmanuel), né à Lyon. — Cannes, et 16, rue Chanoinesse, Paris.

*79 Fleurs sur une commode.
*80 Le pont du vieux château.

BARDELLE (Léon), né à Limoges. — 35, rue Boulard, Paris.

*81 Etude d'hiver (paysage).
*82 Etude (paysage).

BARDEY (Mlle Jeanne), née à Lyon. — 1, square Delambre, Paris.

83 Portrait.
84 Réveil (panneau décoratif, fragment).

BARON (Marcel), né à Paris. — 60, rue des Tournelles, Paris.

*85 Dans la Montagne (Auvergne).
*86 Tilleuls (Auvergne).

BARON (Charles-Eugène), né à Paris. — 102 *ter,*
rue Lepic, Paris.

    ***87** Nature morte (Etude).
    ***88** Paysage d'hiver.

BARON (Robert), né à Thiel (Allier). — 5, rue
des Saints-Pères, Paris.

    Une vitrine :
    ***89** Etudes d'animaux.

BASTIDE (Noël). — 78, rue de la Tour, Paris, et
rue Barcelone, Narbonne (Aude).

    ***90** Les Roches fleuries (environs de Nar-
        bonne).
    ***91** La Route (environs de Narbonne).

BATTAGLIA (Mattéo), né à Nice. — 20, rue Visconti, Paris.

    ***92** Coin de jardin.
    ***93** La Neige au pont Marie.

BATIGNE (François), né à Marseille. — 17, rue
Charlemagne, Paris.

    ***94** Nature morte.
    ***95** Marine.

BAUCHE (Léon-Charles), né à Paris. — 2, passage de Dantzig, Paris.

*96   Coin de Seine à Paris.
*97   Parc de Saint-Cloud.

BAUDET (Marie), née à Tagnon (Ardennes). — 89, boulevard Vasnier, Reims.

*98   Messe matinale à Reims (femmes à l'église).
*99   Fruits au jardin (coin de table en plein air).

BAUDOT (Mlle Jeanne), née à Paris. — 50, rue Taitbout, Paris.

*100   Bouquet de Roses.
*101   Vue du château d'If (Marseille).

BAUDREUIL (J.-H. DE). — 9, rue du Cherche-Midi, Paris.

*102   Etude de Pommiers.
*103   Etude de Pommiers.

BAUSIL (Louis), né à Carcassonne. — 16, rue des Écoles-Vieilles, Perpignan.

> *104 Pêcher en fleurs.
> *105 Genêts en fleurs.

BAZEILLES (Albert), né à Bordeaux (Gironde). — 15, rue Bourgeois, Paris.

> *106 Lilia.
> *107 La Villa de Pétrone (fragment).

BEAUFRÈRE (Adolphe), né à Quimperlé. — 3, rue Cauchois, Paris.

> *108 Paysage.
> *109 Étude.

BECAGLI (Mme Marguerite), née à La Côte-Saint-André (Isère). — 30 *bis*, rue Bergère, Paris.

> *110 La bonne pipe.
> *111 Liseuse.

BECKER (Georges-Joseph), né à Tours (Indre-et-Loire). — 120, rue Marcadet, Paris.

> *112 Premières études.
> *113 Route dans la forêt (Normandie).

BELLAN (Louis-Gilbert), né à Paris. — *7 bis,*
place des Vosges, Paris.

114 Etude.
115 Etude.

BELLANGER (Mme Louise), née à Saint-Omer. —
99, avenue de Villiers, Paris.

*__116__ Fantaisie.
*__117__ La Méditation.

BELLET (Mlle Anna), née à Guipry (Ille-et-Vilaine.
— 50, rue Truffaut, Paris.

*__118__ Etude.
*__119__ Roses.

BENDA (G.-K.), né à Paris. — 12, rue de la Grange-
Batelière, Paris.

*__120__ La Femme aux coussins (peinture).

BÉNÉZIT (Emmanuel-Charles), né à Paris. — 4,
imp. Gabrielle-d'Estrées, Bourg-la-Reine (Seine).

*__121__ Rue Houdan à Sceaux (effet de neige
dans le brouillard).
*__122__ Les vieux lavoirs d'Arcueil (sous la
neige).

BÉNONI-AURAN, né à Monteux (Vaucluse). —
32, rue de la Santé, Paris.

    *123 La Sieste.
    *124 Nature morte.

BERNARD (Frank), né à la Nouvelle-Orléans). —
11, rue de l'Hôtel-de-Ville, Courbevoie.

    *125 La Dame aux fleurs.

BERNARD (Marguerite), née à Montauban. — 3,
rue Princesse, Montauban (Tarn-et-Garonne).

    *126 Le Soir (maison gasconne).
    *127 Le Pont (Montauban).

BERN-KLENE, né à Amsterdam. — Veneux-Nadon,
par Moret (S.-et-M.).

    *128 Ferme dans les Pyrénées.
    *129 Soleil d'automne.

BERTEAULT (Louis), né à Genève. — 5, rue
Marianne, à Uccle (Belgique).

    *130 Les arbres dépouillés.
    *131 Soleil d'hiver.

BERTHE (Maurice), né à Paris. — 237, rue du
Faubourg Saint-Martin, Paris.

    *132   Cour de l'hôtel de l'Ours à Crécy.
    *133   Paysage (Crécy-en-Brie).

BERTRAND (Pierre), né à Lorient (Morbihan). —
2, rue des Moines, Paris.

    *134   La Mer (côtes de Bretagne).
    *135   La Montagne (chaîne du Mont-Blanc
           vue de Saint-Gervais).

BERTRAND DE FONTVIOLANT (Ferdinand-
Jules-Edouard), né à Romilly-sur-Seine (Aube). —
21, rue Faraday, Paris.

    *136   Le Champ de tir (Fontainebleau).
    *137   Trois aquarelles (Fontainebleau, Mo-
           ret).

BEVERIDGE (Mlle Millicent), née en Ecosse. —
131, rue de Vaugirard, Paris.

    *138   Etude de nu.
    *139   Nature morte.

BIETTE (Jean), né au Havre. — 15, rue Racine,
Le Havre (Seine-Inférieure).

    ***140**   Aquarelle (effet de neige).
    ***141**   Marine.

BILLE (Jacques), né à Paris. — 32, avenue de la
Grande-Armée, Paris.

    142   Fleurs.
    143   Fleurs.

BILLETTE (Raymond), né à Paris. — 9, quai
d'Anjou, Paris.

    ***144**   Portrait de Femme.
    ***145**   Femme à sa toilette.

BIQUARD (Armand), né à Paris. — 54, rue Lamar-
tine, Paris.

    146   Hot flirt.
    147   Le thé dans le jardin.

BIVA (Lucien), né à Paris. — 29, rue des Vinai-
griers, Paris.

    ***148**   L'Etang de la Marche (matinée).
    ***149**   Le Chemin d'Herblay (S.-et-O.).

BLANCHET (Alexandre), né à Genève. — 24,
rue Boissonade, Paris.

*150 Portrait.
*151 Nature morte.

BLOCH (Marcel), né à Paris. — 43, boulevard de
Strasbourg, Paris.

*152 C'est par là ?
*153 Muse.

BLOOS (Paul-Richard), né à Cologne. — 9, rue
Campagne-Première, Paris.

*154 Le Moulin de la Galette (peinture).
*155 Momie (eau forte).

BLOT (Jacques-Emile), né à Paris. — 5, rue Alboni, Paris.

*156 Etude.

BLIVES (Roger de), né à Paris. — 48, rue Fabert,
Paris.

157 Portrait.
158 Intérieur.

BLUM-LAZARUS (Mme Sophie), née à Stuttgart.
— 9, rue de la Grande-Chaumière, Paris.

*159 Dégel.
*160 Nature morte.

BŒUF (Célestin). — 4, cité de la Roquette, Paris.

161 Etudes.
162 Etude.

BOIGEGRAIN (Adolphe), né à Bourbonne-les-
Bains. — 5, rue Emile-Allez, Paris.

*163 Etude.
*164 Etude.

BOISSIER (Gaston-Maurice-Emile), né à Paris. —
37, passage de l'Elysée-des-Beaux-Arts, Paris.

165 Effet de vagues (Appartient à M. H. C.)
166 Coucher de soleil (Appartient à Mme
M.-G. B...).

BOLESLAS-BIEGAS, né en Pologne Russe. —
233 *bis*, rue du Faubourg-Saint-Honoré, Paris.

*167 Tristesse.
*168 Silence.

BONIN (von Edith), née à Elberfeld. — 77, rue de Varenne, Paris.

169 Dessin.
170 Dessin.

BONIN (Alexandre), né à Paris. — 25, rue Marceau, Houilles (Seine-et-Oise).

171 L'Eglise de Fontaine-le-Port.
172 Effet de Neige.

BONNARD (Pierre), né à Paris. — 60, rue de Douai, Paris.

***173** Fenêtre.
***174** Paysage.
(Appartiennent à   MM.   Bernheim jeune et Cie).

BONNEFOY (Henri), né à Boulogne-sur-Mer. — 42, rue Fontaine, Paris.

***175** Pendant que le loup n'y est pas.
***176** La Favorite.

BOOTH (Mme Esther). — 39, Mozartstrasse-Gross-lichterfelde, près Berlin (Allemagne).

***177** Fleurs de Marronnier.

BORGEAUD (Marius), né à Lausanne (Suisse). —
9, cité Condorcet, Paris.

    *178   Paysage breton.
    *179   Intérieur.

BORWITZ (Mme Rose de), née en Silésie. — 20, rue
Denfert-Rochereau, Paris.

    *180   Au Port-Joinville (ile d'Yeu).
    *181   Port des Deux-Corbeaux (ile d'Yeu).

BOTT (Antoine), né à Morlaix. — 40, rue Trezel,
Paris et à Morgat (Finistère).

    *182   Grotte de Dinan (Morgat).
    *183   Cap de la Chèvre (Morgat).

BOUCHE (Georges). — 24, rue Morère, Paris.

    *184   Joie.
    *185   Le Parc.

BOUDET (Gustave), né à Paris. — 36, boulevard
de Clichy, Paris.

    *186   Ponte Pasqualigo (Venise).
    *187   Rio Mocenigo (Venise).

BOUDOT-LAMOTTE (Maurice), né à La Fère (Aisne). — 108, rue Olivier-de-Serres, Paris.

*188   Etude.
*189   Nature morte.

BOUGHTON-LEIG (Mme Dora), née en Angleterre. — 216, boulevard Raspail, Paris.

190   Etude.
191   Les Bretons.

BOULANGER (Mlle Lucienne), née à Calais. — 64, rue de Calais, Boulogne-sur-Mer.

192   L'antre d'un peintre de plein air.
193   Un rescapé (déjeuner sur l'herbe).

BOULANGER (Charles-René), né à Paris. — 9 *bis*, rue Paul-Féval, Paris.

*194   L'Exode des Symboles (plâtre).

BOURDIER (Raoul), né à Ingrandes-sur-Loire. — Saint-Yrieix (Haute-Vienne).

*195   Châtaigniers au bord du chemin.
*196   Les bruyères (soir).

BOURGEOIS (André), né à Melun. — 19, rue du
Val-de-Grâce, Paris.

*197   Femme au peignoir bleu.
*198   En visite.

BOURGUE (Emile). — 7, rue Chorier, Valence
(Drôme).

199
200

BOUSQUET (Charles), né à Paris. — 11, rue de
Tour, Paris.

201   Le Trocadéro.
202   Le Pont d'Iéna.

BOUSSENOT (Gustave), né à Créteil (Seine), —
15, rue Morère, Paris.

*203   Modeste souvenir.
*204   Théâtrum.

BOUSSINGAULT (Jean-Louis), né à Paris. —
3 *bis*, quai aux Fleurs, Paris.

205   Femme couchée.
206   Croquis.

BOWSER (Mme Isabelle), née à Newcastle on Tyne.
— 159 *bis*, boulevard du Montparnasse, Paris.

    207   Effet de soleil.
    ***208**   Rayon de soleil.

BOYD (Mme Elisabeth-Frances), née en Ecosse). —
39, boulevard Saint-Jacques, Paris, et 40, Rossetti
Mansions, Londres.

    ***209**   San Pietro di Castello.
    ***210**   Temps bleu (Venise).

BOYLESVE (Mlle Marie), née à Tours. — 14, boulevard Emile-Augier, Paris.

    ***211**   Etude.
    ***212**   Impression.

BRABO (Julien), né à Alais (Gard). — Alais.

    ***213**   Une rue à Dallet (Auvergne).
    ***214**   Le Mont de l'Ermitage.

BRAQUE (Georges), né à Argenteuil. — 48, rue
d'Orsel, Paris.

    ***215**   Paysage.
    ***216**   Nature morte.

BRAUT (Albert), né à Roye (Somme). — 6, rue Salneuve, Paris.

> *217 Etude.

BRIAUDEAU (Paul), né à Nantes. — 25, rue d'Ulm, Paris.

> *218 Fleurs et objets divers.
> *219 Etude.

BRILLET (André), né à Barbezieux (Charente). — 85, rue Laugier, Paris.

> *220 Venise (Octobre 1908).

BRIN (Emile-Quentin), né à Paris. — 4, rue Aumont-Thiéville, Paris.

> *221 Etude de nu à la lumière.
> *222 Etude de nu à la lumière.

BRINDEL (Edouard), né à Bayonne. — 4, rue de Furstenberg, Paris.

> *223 Fleurs au Luxembourg.
> *224 Matinée d'automne (Luxembourg).

BRIQUET (Mlle Berthe), née à Besançon. — 203, boulevard Raspail, Paris.

*225 Enfant de chœur.

BRICARD (Xavier), né à Angers. — Villa des Arts, 15, rue Hégésippe-Moreau, Paris.

*226 Coin de table.
*227 Intimité.

BRONDY (Matteo), né à Paris. — 15, rue Béranger, Paris.

*228 Vieux port de St-Tropez.
*229 Effet de soir à Charleroi.

BROWN (Mme Anna-Wood), née à New-York. — Monneville (Oise).

*230 Enfant et Nourrice (pastel).
*231 Etude d'enfant (pastel).

BRUGUIÈRE (Fernand), né à Nimes (Gard). — 25, rue Brezin, Paris.

*232 Neige et brume.
*233 Le Dégel.

BRUNELLESCHI (Umberto), né à Florence. —
41, rue Monge, Paris.

> *234 La Femme au Coq.
> *235 Le Cerisier (vue d'Italie).

BUCHER (Edwin). — 80, rue Saint-Dominique,
Paris.

> 236 Buste portrait (plâtre).

BUGNICOURT (Ernest), né à Paris. — 9, quai
d'Anjou, Paris.

> *237 Le quai Conti et la rue Dauphine.
> *238 Un coin du Paris disparu.

BULLIO (Eugène), né à Marseille. — 1bis, rue
Saint-Gilles, Paris.

> *239 Matinée d'été.
> *240 La Mare au Sable (Neuilly-Plaisance).

BULOW (Joachim Von), né à Breslau. — Berlin-
Friedenau, Odenwaldstrasse, 21.

> *241 Fleurs.
> *242 Le Chapeau.

BUTLER (Théodore-Earl), né aux Etats-Unis. — Giverny, par Vernon (Eure).

*243 Le père Douville.
*244 Un rideau d'arbres.

BUYKO (Boleslas), né à Vilna. — 17, rue Campagne-Première, Paris.

*245 Etude d'un fauteuil Louis XVI.
*246 Les Roses.

CADORET (Henry de), né à Guérande (Loire-Inférieure). — 6, avenue de Lamotte-Picquet, Paris.

*247 Aux Courses.
*248 Cavaliers sur la Lande.

CALVET (Henri-Bernard), né à Paris. — 13, quai d'Anjou, Paris.

249 Nature morte.
250 Effet de Nuit.

CAMOIN (Charles), né à Marseille. — 12, rue Cortot, Paris.

*251 Figure.
*252 Nature morte.

CAMPBELL (Mlle M.-Florence), née en Angleterre.
— 216, boulevard Raspail, Paris.

> *253 La Mère.
> *254 La Source.

CAMUS (Henri-Louis), né à Paris. — 62, rue Lepic,
Paris.

> *255 Un coin de table.
> *256 Pommes et Fromage.

CAMUS (Benjamin), né à Paris. — 27, rue de Longchamp, Paris.

> 257 Fleurs (peinture).
> 258 Fruits (peinture).

CAMUS-CARLIER (Françoise), née à Paris. —
40, boulevard du Temple, Paris.

> *259 Un Evangile.

UN ÉVANGILE

. . . .
. . . .
Et, quand elle revint à son logis, la veuve,
A qui de sa bonté, Dieu donnait cette preuve,
Trouva — sans deviner jamais par quel ami —
Sa quenouille filée et son fils endormi.

(François COPPÉE.)

CARIOT (Gaston-Gustave), né à Paris. — Périgny-sur-Yerres, par Mandres (Seine-et-Oise).

*260 Paysage à Périgny.
*261 Paysage à Périgny.

CARNIEL (Richard), né à Trieste. — 11 *bis,* rue de
Moscou, Paris.

*262 Femme à la rose (aquarelle).
*263 Sannois (gouache).

CARPENTIER (Mme Marie-Paule), née à Paris —
60, rue de Maubeuge, Paris.

*264 Fillette aux algues.
*265 Parc en automne.

CARRÉ (Raoul), né à Montmorillon. — 26, rue
Henri-Monnier, Paris.

*266 Confidences.
*267 Surprise.

CARRERA (Augustin), né à Madrid. — 2, rue Méchain, Paris.

*268 Les Voiles.
*269 Jeune fille à la cruche.

CARRIÈRE (Jules), né à Paris. — 14, villa Cœur-de-Vey, Paris.

*270 Rivière sous bois.
*271 La Mare.

CARVALHO (Suzanne), née à Paris. — 1, rue Clovis, Paris.

272 Portrait.
273 Portrait.

CASTELUCHO (Claudio), né à Barcelone. — 22, rue Boissonade, Paris.

*274 Chanteuse.
*275 Etude.

DE CASTRO (Mme veuve Ernesta), née à Vienne (Autriche). — 22, rue Vital, Paris.

*276 Interrogation (tête de femme).
*277 Interrogation (tête d'enfant).

CEDERLUND (Gustave), né à Stockholm (Suède). — 117, rue Notre-Dame-des-Champs, Paris.

*278 Au coin du feu.
*279 Le portrait.

CÉRIA (Edmond), né à Evian (Haute-Savoie). —
16, rue Boutebrie, Paris.

*280 Bonnevy (paysage).
*281 Chemin de Creusaz (étude).

CESBRON (Charles), né à Paris. — 13, rue Jacquemont, Paris.

*282 Intérieur d'Eglise (pastel).
*283 Intérieur d'Eglise (pastel).

CHABAUD (Auguste), né à Nîmes (Gard). — Graveson (Bouches-du-Rhône).

*284 Entrée de village.
*285 Dévote à la chapelle vers le soir.

CHAMARD (Albert), né à Paris. — 17, rue Lamarck, Paris.

*286 Femme à sa toilette (terre cuite originale).
*287 Etude de femme (terre cuite originale).

CHAMIER (Léna-M.). — Chez M. Paul Foinet fils,
21, rue Bréa, Paris.

288 Soir mystérieux.
289 La nuit aux Indes.

CHAMPEIX (Jacques), né à Saint-Ouen. —
87, boulevard Malesherbes, Paris.

***290** La potence.
·***291** Vers l'abîme.

CHAMPON (Edmond), né à Paris. — 15, quai aux
Fleurs, Paris.

***292** Maternité (pastel).
***293** Paysage d'automne (pastel).

CHANAL (Pierre), né à Bruxelles (Belgique). —
17, avenue Schneider, Clamart (Seine).

***294** Dunes.
***295** Ruelle de Meudon.

CHANAL (E.), né à Bruxelles. — 11, rue des Rochers, à Clamart (Seine).

***296** 1 cadre cuivre jaune, modèle réservé,
(algues); 1 petit cadre cuivre rouge
modèle courant).

***297** 1 cadre cuivre jaune (modèle réservé)
chrysanthèmes ; Moulures en **cuivre**,
patines diverses pour encadrement de
peintures, aquarelles, pastels (modè-
les courants).

CHAPUIS (Pierre-Marie-Alfred), né à Paris. —
12, rue de la Condamine, Paris.

***298** Etude (peinture).
***299** L'été à Trilport (peinture).

CHARLET (Albert). — 7, rue du Dôme, Paris.

***300** Jeunesse.
***301** Farniente.

CHARLOT (Louis). — 50, rue de Rennes, Paris.

***302** Paysage.
***303** Etude.

CHARMY (Mlle Emilie). — 78, rue des Tennerol-
les, Saint-Cloud (Seine-et-Oise).

***304** Nature morte.
***305** Femme nue.

CHARON (Luc), né à Paris. — 33, rue Jacob, Paris.

> *306 Au repos.
> *307 La chapelle.

CHARPENTIER (Maurice), né à Paris.— 156, boulevard de Magenta, Paris.

> *308 Les sentinelles des Horse-Guards (Whitehall, Londres).
> *309 Paris à Londres (projet d'affiche).

CHAR-POU, né au Mans. — 1, avenue Percier, Paris.

> *310 Saint-Tropez (aquarelle).
> *311 Le Bas-Meudon (aquarelle).

CHARRY (Henri), né à Ottange (Moselle). — 62, rue de Gergovie, Paris.

> *312 Mimi chez elle.
> *313 Automne. Chemin de l'Etang de Trivaux (Meudon).

CHARTIER (Paul-Louis), né à Neuilly-Saint-Front (Aisne). — 9, rue Campagne-Première, Paris.

 *314 La Chaumine assoupie.
 *315 La Roulotte sommeillante.

CHARTON (Albert-Paul), né à Orsay (Seine-et-Oise). — 14, rue de Panama, Paris.

 *316 Oranges et pot d'étain.
 *317 La quai de la Tournelle.

CHASSEVENT (Louis), né à Paris. — 56, rue de l'Abbé-Groult, Paris.

 *318 Route solitaire.
 *319 Mer argentée.

CHAURAND (Jean). — 10, place Dancourt, Paris.

 320 Portrait
 *321 Liseuse.

CHÈNE (Antonia), née à Lyon. — 58, Grande-Rue, à Nogent-sur-Marne.

 322 Un cadre :
 Une couverture buvard brodée.
 Deux convertures missels brodées.
 Une bande brodée pour parure.

CHÊNARD-HUCHÉ, né à Nantes. — 61, rue Caulaincourt, Paris.

    *323 Montmartre sous la neige.
    *324 Fleurs.

CHERFILS (Christian), né à Martigny (Manche). — 41, avenue Kléber, Paris.

    325 Portrait.

CHOLLET (Marcel), né à Genève. — 17, rue Victor-Massé, Paris.

    *326 Fleurs (roses blanches).
    *327 Fleurs (chrysanthèmes).

CINGRIA (Alexandre), né à Genève (Suisse). — 30, via del Prato, Florence (Italie), et chez M. A. Bovy, 9, rue Campagne-Première, Paris.

    *328 Etude de jeune homme.
    *329 Fruits et vaisselle.

CIOLKOWSKI, né à Paris. — 3, rue de Bagneux, Paris.

    *330 Sortie de bal (où l'on voit le Chevalier du Loup poursuivant de ses as-

siduités Mme Bergamotte), dessin en
noir et blanc pour illustrer les car-
navals, de M. André Thévenin.

*331 L'Auberge Désaccointée (dessin en noir
et blanc).

CITERNE (Paul), né à Paris. — 123, rue de Longchamp, Paris.

*332 Ballaigues (Suisse).
*333 La dent de Vaulion (Suisse).

CLÉMENT (Louis-Lucien), né à Paris. — 39, rue
due Rendez-Vous, Paris.

*334 Soleil couchant (Manche).
*335 Intérieur.

COBIANCHI (Iginio), né en Italie. — 74, rue De-
mours, Paris.

*336 Laveuse au ruisseau.
*337 Le petit pâtre.

COCHIN (Auguste), né au Mans (Sarthe). —
117, rue Bourg-Bélé, Le Mans.

*338 Paysage de la Sarthe.
*339 Le Mans (bords de la Sarthe).

CŒURET (Alfred), né à Paris. — 26, rue de la
Tombe-Issoire, Paris.

*340 Un coin de la Brie.
*341 Printemps normand.

COHENDY (Paul), né à Lyon. — 146 *bis,* rue de
Rennes, Paris.

*342 Fleurs et fruits.
*343 Nature morte.

COLLE (Jean), né à Marseille. — 16, rue de Seine,
Paris.

*344 Bretagne (hiver).
*345 Chapelle bretonne.

COLLOT (Charles), né à Nancy. — 31, avenue
d'Eylau, Paris.

*346 Etude.
*347 Etude.

COMMERELL (Paul-Ernest), né à Paris. — 29, rue
Boudet, Reims (Marne).

*348 La veillée.

COMPAYRÉ (Marcel), né à Toulouse. — 8o, avenue de Breteuil, Paris.

> *349 Le chemin de Cazarilh (au-dessus de Luchon).
> *350 Un pré du val de Burbe (environs de Luchon).

DE CONINCK (Robert), né à Bolbec (Seine-Inférieure). — 18, rue de Grenelle, Paris.
*351
*352 Portrait.

CONTANT (Jules), né à Blois. — 89, quai Ulysse-Besnard, Blois (Loir-et-Cher).

> *353 Le Ruisseau (Pont-Aven).
> *354 Le vieux Moulin (Pont-Aven).

CONTRAULT (Emile-Théodore-Marie, né à Paris. — 15, rue Renon, à Vincennes.

> *355 Mitan (bords du Lez, Hérault).
> *356 Trio (dessin).

VAN COPPENOLLE (Jacques), né à Montigny-sur-Loing (Seine-et-Marne). — Montigny-sur-Loing (Seine-et-Marne).

> *357 Une Mare (forêt de Fontainebleau).
> *358 Un paysage à Montigny-sur-Loing.

CORFU (Georges-Félicien), né à Jonchery-sur-
Vesles (Marne). — 86, rue Lamarck, Paris.

    *359   Avril (vu du premier).
    *360   Sur le plateau d'Avron.

CORGIALEGNO, né à Marseille. — 90, rue d'Assas, Paris.

    *361   La Creuse à Gargilesse.
    *362   La poupée.

COSTANTINI (Virgilio), né à Cefalu (Italie). —
9, rue Froidevaux, Paris.

    *363   Chrysantèmes.
    *364   Liseuse.

COSYNS (Antoine), né à Malines (Belgique). —
23, quai d'Anjou, Paris.

    365   Etude de nu.
    366   Etude de nu.

COULON (Gustave), né à Paris. — 12, rue de la
Victoire, Paris.

    367   Lac du Bourget (Savoie), aquarelle.
    368   La Tour de Zizim à Bourganeuf
            (Creuse), aquarelle.

COULON (Henri), né à Paris. — 37, rue de Châteaudun, Paris.

369 Vue de Chinon (Indre-et-Loire).
370 Coucher de soleil au Pin (Indre).

COULY-RAYMOND (Fernand), né à Villeneuve-sur-Lot. — 1, rue de l'Hôtel-de-Ville, Le Crotoy (Somme).

*371 Un coin du village de Séméac près Tarbes (soleil couchant).
*372 Deux têtes de chiens (Moumouche et Sélika).

COURCHÉ (Félix), né à Paris. — 73, rue Louis-Blanc, Paris.

*373 Le Loup.
*374 Farniente.

COUSNETZOWA (Mme Alexandra), née à Moscou. — 147, boulevard du Montparnasse, Paris.

375 Paysage.
376 Paysage.

COUSTURIER (Mme Lucie), née à Paris. — 43, boulevard Beauséjour, Paris.

    377 Portrait de Mlle B...
    ***378** Nu.

COUSTURIER (Mme Henriette), née à Dijon (Côte-d'Or). — 11, boulevard de Clichy, Paris.

    ***379** Dans le jardin.
    ***380** Coin d'atelier.

COUTÉLIER (Alphonse), né à Avignon. — 40, rue Hermel, Paris.

    ***381** Soir d'été sur la Manche.
    ***382** Notre-Dame de Paris.

CRAMER (Mme Olga de), née à Ioala (Russie). — 41, rue Bayen, Paris.

    ***383** Etude d'enfant.
    ***384** Tête d'enfant.

CRASNIER (Joseph), né à Bouchemaine (Maine-et-Loire). — 10, rue Saint-Didier, Paris.

    ***385** Œillets.
    ***386** Roses.

CRÉMAZY (Mlle Paule), née à Saint-Denis (Ile de la Réunion). — 149, rue de Rennes, Paris.

*387 Coin d'atelier.
*388 Arbres d'automne (St-Cloud).

CROSS (Henri-Edmond), né à Douai. — Le Lavandou (Var).

*389 Napées.
*390 Avant l'orage (la barque).
       (Appartiennent à MM. Bernheim jeune et Cie).

CROTTI (Jean), né à Fribourg (Suisse). — 61, rue Caulaincourt, Paris.

*391 Etude.
*392 Etude.

CUVELIER (Alexandre), né à Saint-Omer (Pas-de-Calais). — 37, rue de l'Université, Paris.

*393 Portrait.
*394 Paysage.

DAGNAC-RIVIÈRE (Ch.-H.-G.), né à Paris. — Moret-sur-Loing (Seine-et-Marne).

*395 A Venise.
*396 Plaisir d'automne.

DAILLION D'ANNUNZIO (Mme Palma), née à
Atina. — 77, rue Denfert-Rochereau, Paris.

    *397 Tournant de la Creuse.
    *398 Etang de la Journalière.

DALBANNE (Claudius), né à Lyon. — 87, rue
Denfert-Rochereau, à Paris, 22, chemin des Tournelles, à Lyon.

    399 Portrait de Mme D...
    400 De la destinée sociale du poète.

DALZAT-D'ARSAC (Antoine), né à Libourne. —
Place de l'Hôtel-de-Ville, à Méru (Oise).

    *401 Croyez au vin.

DAMAGNEZ (P.), né à Amiens. — 141, boulevard
du Montparnasse, Paris.

    *402 Le tombeau de Philippe Pot.
    *403 Sortie du village de Bonneuil.

DAMBLANS (Eugène). — 5, rue du Sentier, Bois-
Colombes (Seine).

    404 Brûleur d'herbes sèches.
    405 Paysage d'Auvers-sur-Oise.

DAMIZOUR (Lucien), né à Tarbes (Hautes-Pyrénées. — Chez M. Cazabonne, 172, rue de Courcelles, Paris.

    *406   L'oiseau bleu.
    *407   Après le Tennis.

DANNENBERG (Mlle Alice), née à Riga. — 84,
rue d'Assas.

    *408   Etude.
    *409   Etude.

DANTU (Georges), né à Paris. — 22 bis, rue Vi-
neuse, Paris.

    *410   La petite marchande (intérieur oues-
           santin).
    *411   Marine.

DARAUX (Lucien), né à Paris. — 11, place Vinti-
mille, Paris.

    *412   Crépuscule en Saintonge (Saint-Palais,
           Charente-Inférieure).
    *413   Repos estival.

DARGENT (Henri), né à Paris. — 59, rue Gazan,
Paris.

    414 Nature morte.
    ***415** Clairière ensoleillée.

DARNET (Georges), né à Périgueux. — 9, rue de
la Boétie, Périgueux.

    ***416** Le ruisseau du manoir (près Périgueux)
    ***417** Le gour de l'Arche (près Périgueux).

DASLO, né à Moulins-sur-Allier. — 10, boulevard
Malesherbes, Paris.

    418 Portrait de Mme V... (peinture).
    ***419** Une Madone (nature morte, peinture).

DAVID-GIRIN (Eugène). — 13, rue Emile-Zola,
Lyon (Rhône).

    ***420** Bords du Rhône (effet de brume).
    ***421** Les bords de la Seine.

DEBORNE (Robert), né à Viviers (Ardèche). —
9, impasse du Maine, Paris.

    ***422** Paysage d'automne.
    ***423** Nature morte.

DEBRAUX (René). — 18, rue d'Armenonville, à Neuilly-sur-Seine.

***424** Maisons de pêcheurs à St-Cast.
***425** Matinée d'été.

DEFONTAINE (R.), né à Arras (Pas-de-Calais. — 43, rue Lepic, Paris.

***426** Saint-Cucufa au printemps.
***427** Ruisseau sous bois à l'Etang de Villeneuve.

DEHÉRAIN (François), né à Paris. — 35, rue Véron, Paris.

***428** Curiosité (pointe sèche).
429 Midinette (peinture).

DELANNOY (Aristide), né à Béthune. — Prison de la Santé, quartier politique, cellule 5, et 88, avenue du Maine, Paris.

***430** Eglise à Etampes (temps gris).
***431** Eglise à Etampes (soleil).

DELAUNAY (Pierre), né à Champtocé (Maine-et-Loire). — 4, avenue Péterhof, Paris.

***432** Paysage (cap Martin).
***433** Menton et la frontière.

DELAVALLÉE (Jean), né à Marlotte. — 118, rue
d'Alésia, Paris.

*434   Lapin faisant sa toilette (statuette plâ-
       tre).
*435   Cheval se grattant (statuette plâtre).

DELCUS (Louis), né à Lillers (Pas-de-Calais). —
23, rue de Maubeuge, Paris.

*436   Vallée d'Auvers.
*437   Le Grand Morin.

DELESTRE (Eugène), né à Paris. — 45, rue Perronet, Neuilly-sur-Seine.

*438   Bouquet et nappe.
*439   Femme aux fleurs et aux fruits.

DELFOSSE (Louis), né à Bayonne. — 15, quai de
Bourbon, Paris.

*440   Bords de Seine.
*441   Le bout le l'Ile.

DELFOSSE (Jules), né à Rouen. — 7, rue Jean-
Laurent, Le Vésinet (Seine-et-Oise).

*442   Le Vésinet (grand lac).
*443   L'Oise à Auvers.

DELMAS (Eugène), né à Pléaux (Cantal), profes-
seur à Mauriac (Cantal).

> *444 Entrée de la gorge.
> *445 A l'orée du bois.

DELTOMBE (Paul), né à Catillon (Nord). — 25, rue
Daguerre, Paris.

> *446 Portrait.
> *447 Nature morte.

DELTOMBE (Gabriel), né à Hautmont (Nord). —
94, rue Denfert-Rochereau.

> 448 Reliures E. Verhaeren : Toute la
>   Flandre ; la Guirlande des dunes.
> 449 Reliures : Vie de Saint-Dié (compo-
>   sition de Mlle Hervieu).

DELOBRE (Emile), né à Paris. — 9, rue de la
Mairie, Alfortville.

> *450 Orphée.
> *451 Femme nue.

DEMAN (Mme Paule), née à Bruxelles. — 86, rue de
la Montagne, Bruxelles.

> *452 Les oliviers (Provence).
> *453 Les pins (côte provençale).

DENIS (Maurice). — 59, rue de Mareil, Saint-Germain-en-Laye (Seine-et-Oise).

454 Galathée.

DENIS (Claudius), né à Lyon. — 18, impasse du Maine, Paris.

*455 Parisienne.
*456 La fête à Saint-Cloud.

DENISE (Mlle Jeanne), née à Paris. — 48, rue Pergolèse, Paris.

*457 Etude.
*458 Fleurs.

DENISSE (Jean), né à Bordeaux. — 16, rue Calixte-Souplet, Saint-Quentin (Aisne).

*459 Clair de lune.
*460 Près de l'Etang.

DENIS-VALVÉRANE. — 174, rue de Vaugirard, Paris.

*461 Calendal.
*462 Saint-Gingolph.

DERAIN (André), né à Paris. — 22, rue Tour-
laque, Paris.

463 Paysage.
464 Paysage (Appartient à M. Rahnweiller).

DEROUSSE (Mlle Blanche), née à Paris. — 78,
Faubourg Saint-Denis, Paris.

***465** Nature morte (pêches).
***466** Nature morte (vase et prunes).

DESGENÉTAIS (Mme Marie), (Marzocchi de Bel-
lucci), née à Versailles. — 74, rue de la Tour,
Paris.

467 Portrait au fusain.
468 Portrait au fusain.

DESPREZ (Mlle Simone), née à Amiens — 21, rue
du Vieux-Colombier, Paris.

***469** Etude.
***470** Etude.

DESSERTEAUX (Léon), né à Bourgneuf-Val-d'Or
(Saône-et-Loire). — 16, rue Decamps, Paris.

471 Nature morte.

DESTABLE (J.-B.-Frédéric), né à Rethel (Ardennes. — 2, rue Ambroise-Paré, Paris.

472 Sur le canal de Furnes.

DÉVAY (André), né à Szirak. — rue Notre-Dame-
de-Lorette, 54, Paris.

*473 Port du Havre.
*474 Coucher de soleil à Trouville.

DEVILLE (Jean), né à Lyon. — 161, boulevard
Montparnasse, Paris.

475 Fleurs et fruits.
476 Idylle.

DEVINÉ (Jules-Charles), né à Hirson (Aisne). —
40, rue du Luxembourg, Paris.

*477 Eglise de Noisy-sur-Oise.
*478 Ondée sur les champs.

VLAMINCK (de), né à Paris. — 33, rue du Doc-
teur-Guillonis, Rueil (Seine-et-Oise).

479 Paysage (Appartient à M. Vollard).
480 Paysage (Appartient à M. Vollard).

DÉZERT (Camille), né à Puteaux. — 12, rue du Centenaire, à Puteaux.

*481 Les bords de l'Etang de Villeneuve.
*482 L'Etang de Longchamp.

DÉZIRÉ (Henry), né à La Rochelle (Charente-Inférieure). — 10, rue Perceval, Paris.

483 Nature morte.
484 Etude.

DHIONNET (Armand), né à Montereau. — 11 *bis*, rue de Birague, Paris.

*485 Le Matin.
*486 Le Soir.

DIEUSET (Noël), né à Dunkerque. — 5 *bis*, rue de Douai, à Malo-les-Bains (Nord).

487 Les pommiers.
488 Dans les champs.

DIRIKS (Edwards), né en Norvège. — 18, rue Boissonade, Paris.

*489 Eté.
*490 Environs de Rourra.

DOLLEY (Pierre), né à Pauillac (Gironde). — 61, quai de la Tournelle, Paris.

*491 Nature morte.
*492 Coin de jardin.

DOLLFUS Mlle Valentine), née à Mulhouse. — 14, rue La Fontaine, Paris.

*493 Miroir (cuivre repoussé, fleurs).
*494 Miroir (cuivre repoussé (poissons).

DOLMETSCH (Albert), né au Mans (Sarthe). — 2, rue de La Vrillière, Paris.

*495 Aquarelle.
*496 Quatre petits panneaux.

DONGEN (Kees Van). — 6, rue Saulnier, Paris.

*497 La valse chaloupée.
*498 L'enfant à l'ours.

DONNAU (William-Sylvestre de), né à Labroque (Alsace). — 10, rue J.-B.-Dumas, Paris.

499 Orgueil.
500 Étude.

DORÉ (Constant), né à Auvers-le-Hamon (Sarthe).
— 22, rue de Maubeuge, Paris.

***501**   Le matin aux Tuileries.
***502**   Fenêtre fleurie.

DORIGNAC (Georges), né à Bordeaux. — Clos
Rosette, Verneuil-sur-Seine (S.-et-O.).

503   Etude (Appartient M. G.-M. du H...).
504   Etude (Appartient M. G.-M. du H...).

DORMAY (Auguste-Georges), né au Cateau (Nord).
3, rue Dutot, Paris.

***505**   La baie de Kérity (Côtes-du-Nord).
         pastel.
***506**   Le vieux Moulin (Paimpol), pastel.

DOUROUZE, né à Grenoble. — 52, rue Jacob,
Paris.

***507**   1. Les Roches du Trayas.
         2. Le pin maritime.
         3. A Théoul.
         4. Le brouillard.
         5. A Orsay.
         6. Etude de pommier.
         7. Lisière de bois.
***508**   Marine.

DOMERGUE (Edouard), né à Valence-d'Agen. — Valence-d'Agen (Tarn-et-Garonne).

*509   Etude (dans le soleil).
*510   Nature morte.

DONTCHEFF (Wladimir), né à Kichinew (Russie). — 13, rue du Château, Paris.

*511   L'Eglise Saint-Médard.
*512   Fin de journée.

DRÉSEL (Frédéric), né en Autriche. — 15, rue Froidevaux, Paris.

*513   Querelle au cabaret.
*514   Soir de Pardon (Bretagne).

DREYFUS (Clément), né à Neuf-Brisach (Alsace). — 34, rue de la Verrerie, Paris.

*515   Brouillard sur le lac des Minimes (Bois de Vincennes).
*516   Allée de la Maison de l'Aigle d'Or (Rue du Temple).

DRIES-MOLINET (Henri), né à Paris. — 46, avenue d'Italie, Paris.

    *517   Soleil du matin dans la montagne (Isère).
    *518   Un matin dans la Marne.

DUBOIS (Henri-Jean), né à Paris. — 7 *bis,* rue Verdier, à Houilles (S.-et-O.).

    *519   Vieux poirier.
    *520   L'Enclos.

DUBRON (Mᵐᵉ Pauline), née à Arras (Pas-de-Calais. — 3, rue Alfred-Stevens, Paris.

    *521   Gorgonzola et œufs rouges.
    *522   Un Canard (Pochade).

DUBUISSON (Albert), né à Rouen. — 53, rue de Bourgogne, Paris.

    *523   Tower bridge à Londres.
    *524   Bords de la Marne.

DUCHAMP (Marcel). — 9, rue Amiral-de-Joinville Neuilly-sur-Seine.

    *525   Saint-Cloud.
    *526   Paysage.

DUCHAMP-VILLON, né à Damville (Eure). —
7, rue Lemaître, Puteaux (Seine).

*527 Vieux paysan (buste pierre).
*528 Portrait d'enfant (plâtre).

DUFRÉNOY (Georges-Léon), né à Thiais (Seine).
—21, quai de Bourbon, Paris.

529 Etude.
530 Etude.

DUFY (Raoul), né au Havre. — 73, rue de Normandie, Le Havre.

*531 Paysage.
*532 Intérieur.

DULAC (Guillaume), né à Fumel (Lot-et-Ga-
ronne), 26, rue Pigalle, Paris.

*533 Dans la vigne.
*534 Reflets du soir.

DUNOYER DE SEGONZAC, né à Boussy-Saint-
Antoine. — 37, rue Saint-André-des-Arts, Paris.

*535 Nature morte.
*536 Etude de nu.

DUPÉRELLE (François), né à Cournon (Puy-de-Dôme). — Savigny-sur-Orge (Seine-et-Oise).

***537** Fuyant l'orage.
***538** Les Etangs de Vert-le-Petit (Seine-et-Oise).

DUPERREY (Hippolyte-Célestin-François), né à Londres. — 5, rue de l'Aqueduc, Paris.

539 Portrait de l'auteur.
540 Nature morte.

DURAND Joannès). — 58, rue de la République, Lyon.

***541** Paysage.
***542** Etude.

DURANDEAU (Auguste), né à Bordeaux. — 3, rue Etienne-Dolet, Arcueil-Cachan (Seine).

***543** Effet de lumière (femme couchée).
***544** Effet de neige (aqueduc d'Arcueil et propriété de Mme de Provigny).

DURANTON (Jeanne), née à Paris. — 11, rue Guillaume-Tell, Paris.

***545** Le Bouquet jaune.
***546** Nature morte (étude).

DURAY (Emile), né à Bruxelles (Français). — 9,
rue Bleue, Paris.

    ***547** Place du Marché à Pont-l'Abbé.
    ***548** La Promenade à éléphant au Jardin
        d'acclimatation.

DUSOUCHET (Pierre-Léon), né à Versailles. —
4, rue de l'Indre, Paris.

    ***549** Nu.
    ***550** Bucoliques.

DUSSAULT (Arthur), né à Villeneuve-sur-Yonne.
— 7, avenue de la Liberté, Charenton.

    ***551** Bords de Marne (Joinville).
    ***552** Pont Sainte-Marie (Haute-Savoie).

DUTREIX (François), né à Saint-Paul-d'Eyjeaux.
— 37, rue de Palestro, Paris.

    ***553** L'Automne à Paris (pont Alexandre).
    ***554** La Neige à Paris (avenue du Bois-de-
        Boulogne).

DUVAL (Mlle Béatrice), née en Suisse. — Saint-
Tropez (Var).

    ***555** Fleurs.
    ***556** Etude (Blonville).

DUVAL-GOZLAN (Léon), né à Paris. — 41, rue de la Tour-d'Auvergne, Paris.

*557 Bords de la Sèvre.
*558 Petit Port en Bretagne.

DUVANEL (Jules-J.-A.), né à Nantes (Loire-Inférieure). — 7, avenue d'Orléans, Paris.

*559 Le Jour du Marché à Limours.
*560 Notre-Dame de Paris.

ECKERT (Robert), né à Vienne (Autriche). — 35, boulevard Rochechouart, Paris.

*561 Femme nue couchée.
*562 Paysage.

ECREMENT (Louis), né à Paris. — 1, rue Châtelain, Paris.

*563 Coin de jardin.
*564 Entrée du Port (Camaret).

EDE (Frédéric), né à Nottawa (Canada). — Montigny-sur-Loing (S.-et-M.).

*565 Le Moulin de Maintru.
*566 Au bord de l'Aulne.

EDELMANN (Abel). — 2, passage de Dantzig, Paris.

> ***567** Le Violon imaginaire.
> ***568** Silhouettes.

EDSTROM (David), né à Surdre. — 7, rue Belloni, Paris.

> ***569** Le Rocher (sculpture en plâtre).
> ***570** Les Nuages (sculpture en plâtre).

FABER DU FAUR (Hans von), né à Stuttgart. — 20, Karlstrasse, Munich (Bavière).

> ***571** Chevaux de brasserie au Concours hippique de Munich.
> ***572** Jeune fille.

FALQUET (Auguste-Alexandre), né à Paris. — Triel-Cheverchemont.

> ***573** Intérieur.

FAU (Pierre), né à Paris. — 38, rue Legendre, Paris.

> ***574** L'Enterrement.
> ***575** La Danse.

FAUCONNET (Guy-Pierre), né à Chelles (Seine-et-Marne). — 9, rue Besson, Chelles.

576 Portrait.

(FAURE (Mlle Gabrielle), née à Lumbin (Isère). — 20, rue Cassette, Paris.

***577** L'Allée.
***578** Le Parterre.

FAUVEL (Robert), né à Paris. — 28, rue du Rocher, Paris.

***579** Giroflée et nature morte.
***580** Nature morte.

FAVORY (André), né à Paris. — 12, boulevard Emile-Augier, Paris.

***581** Coin de port.
***582** Bords de Seine.

FESCHOTTE (Henri), né à Lyon. — 72, rue de Pologne, Saint-Germain-en-Laye.

***583** Ciel d'automne (peinture).
***584** Forêt de Saint-Germain (pastel).

FAVRE (Pierre-André), né à Villereversure (Ain).
— 18, rue du Val-de-Grâce, Paris.

    ***585**   Portrait de Mlle Y... L...
    ***586**   Nature morte (fruits).

FEINSTEIN (R.), née à Odessa. — 9, rue Campagne-Première, Paris.

    ***587**   Impression.
    ***588**   Quelques essais réunis.

FESNEAU (Auguste-Henri), né à Paris. — 17, rue du Progrès, Vincennes.

    ***589**   Effet de nuit à Venise.
    ***590**   Effet de nuit au large.

FEY (Mme), née en Allemagne. — 20, rue Blomet, Paris.

    ***591**   Portrait d'enfant.
    ***592**   Chat.

FIDRIT (Charles-André), né à Paris. — 1, rue Paul-Féval, Paris.

    ***593**   Nature morte.
    ***594**   Nature morte.

FIDRIT (Louis), né à Paris. — 6, cité du Wauxhall, Paris.

> *595 Un Champ sur le plateau (pays basque).
> *596 Rivière l'été à Saint-Jean-de-Luz.

FIELITZ (Mlle Ida-A.), née en Russie. — 99, rue de Vaugirard, Paris.

> *597 A Versailles.
> *598 Repos.

FINKESTEIN (Alexandre), né à Odessa. — 15, rue du Parc-Montsouris, Paris, chez M. Laugier.

> *599 La Forêt (effet de neige).
> *600 La Forêt (effet du soir).

FINOT (Léon), né à Troyes. — 47, rue Viardin, Troyes.

> *601 Paysage d'automne.
> *602 Paysage d'automne.

FIRMIN (Claude), né à Avignon (Vaucluse). — 54, rue de Seine, Paris.

> *603 Le Travail des quais de Paris.
> *604 Vieille rue à Marseille.

FISCHER (Max), né à Paris. — 9, rue Bochard-de-Saron, Paris.

> *605   Innocence.
> *606   Nymphe au bord de l'eau.

FLAMENT (Jacques-A.), né à Wawrin (Nord). — 3, rue Tardieu, Paris.

> *607   Les Falaises à Varengeville (Normandie).
> *608   Crépuscule (Saint-Cloud).

FLANDRIN (Jules), né à Corenc. — 9, rue Campagne-Première, Paris.

> *609   Le Perroquet vert.
> *610   Basilique romaine.

RICARDO-FLORÈS (Georges), né à Alençon. — 8, rue de la Grande-Chaumière, Paris.

> *611   Ferme en Hollande.
> *612   Moulins en Hollande.

FLOURENS (Mlle Renée), née à Paris. — 49, rue de Passy, Paris.

> *613   Etudes.
> *614   Five o'clock.

FOLLIN (Jean-Baptiste), né à Saint-Valery-en-Caux. — 34, rue des Abondances, Boulogne-sur-Seine.

   *615 Nature morte.
   *616 Nature morte.

FONFREIDE (Victor), né à Volvic (Puy-de-Dôme). — 57, rue Custine, Paris.

   *617 Aux Champs (panneau cuir).
   *618 L'Aïeule (panneau cuir).

FONTANES (Raymond), né à Angers. — 18, rue du Dragon, Paris.

   *619 Vieille rue (Castello, Venise).
   *620 Vieille cour (Venise).

FORNEROD (Rodolphe), né à Lausanne (Suisse). — 2, rue Lamarck, Paris.

   *621 Le Panier renversé.
   *622 Femme au chapeau vert.

FORNET (Eugène), né à Paris. — 8, rue de l'Industrie, Biarritz (Basses-Pyrénées).

   *623 Lavoir à Bidart.
   *624 Passage à niveau à Anglet.

FORSBERG fils (Nils). — 46, rue de Châteaudun, Paris.

    ***625** Le Port d'Elseneur (Danemarck).
    ***626** La Maison rouge à Raa (Suède).

FOSTER (C.-W.), né à Sandwich (Etats-Unis). — 18, rue Marbeuf, Paris.

    ***627** Cosme-la-Fresné (Calvados). Etude après-midi.
    ***628** Ormoy-Villers (Seine-et-Oise). Eclaircie.

FOUCHÉ (Paul), né à Paris. — 21, boulevard Saint-Marcel, Paris.

    ***629** Le Chemin de la Chaîne à Ferrières-Gâtinais (aquarelle).
    ***630** Bords du Loing à l'automne (aquarelle).

FOURNIER (Marcel), né à Chantelle (Allier). — 31, rue Fontaine, Paris, chez M. Tasset.

    ***631** Route de Cassis.
    ***632** Port de Cassis.

FRANCONVILLE (Mme Jeanne), née à Paris. —
25, avenue de la Grande-Armée, Paris.

> ***633** Vieille Fontaine à Quimper (Finistère).
> **634** Intérieur.

FRANCK DE WALQUE (Gemma). — 53, rue Lauriston, Paris.

> ***635** Le Pré Catelan à l'heure du thé en 1908.
> ***636** Nature morte.

FRANCK (Henri), né à Grenoble (Isère). — 24, rue Boissonade, Paris, chez M. François Flandrin.

> ***637** Nature morte (l'alto).
> ***638** Jeune Mère.

FRANKLIN (Mme Mary), née aux Etats-Unis. —
116, boulevard du Montparnasse, Paris.

> ***639** La Retardataire.
> ***640** La Vierge au jardin.

FRANQUIN (Georges), né à Broussey-en-Blois (Meuse). — 67, rue de Provence, Paris.

> ***641** Perspective du pont Alexandre III.
> ***642** Paysage.

FREEGROVE-WINZER (Ch.). — 76, rue de Seine,
Paris.

    ***643** Lyrisme.
    ***644** Pierrot.

FRÉMONT (Mme Suzanne), née à Châtillon-s.-Ba-
gneux. — 42, rue Raynouard, Paris.

    ***645** L'Enfant à la harpe.
    ***646** Soir de première communion (Ancret-
        teville-sur-Mer).

FRESSONNET (Francisque-Auguste), né à Roanne. — La Farge, Roanne (Loire).

    647 Femme assise.

FRIESZ (Othon). — 55, boulevard du Montparnasse, et chez M. Druet, 20, rue Royale, Paris.

    ***648** Été.
    ***649** Etude au cirque.

FROBERVILLE (J. de). — 240, boulevard Raspail,
Paris.

    650 Histoire de Judith (lithographie).
    651 Légende bretonne (dessin).

GABRIEL (Léon), né à Paris. — 19, rue de Naples, Paris.

*652   Nature morte.
*653   Nature morte.

GABRIEL-ROUSSEAU, né à Lyon. — 102, rue de Longchamp, Paris.

*654   Londres. La Tamise et le pont de Charing-Cross (matin).
*655   La Tamise et le Parlement (crépuscule).

GAIGNEAU (Edmond), né à Neuilly-sur-Seine. — 175, boulevard Pereire, Paris.

*656   L'Hiver.
*657   Bateaux de pêche.

GALARD (Mlle Marthe), née à Bordeaux. — 9, rue Campagne-Première, Paris.

*658   La Révérence à l'Amour.
*659   Le Sommeil enguirlandé.

GALTIER-BOISSIÈRE (Mme Louise). — 29, rue Vaneau, Paris.

*660   Les Giroflées.
*661   Les Zinias.

GANUCHAUD (Paul), né à Paris. — 7, rue Belloni, **Paris.**

> *662 Une vitrine contenant des objets usuels en porcelaine émaillée et grès flammé.

GARDENTY (Georges), né à Paris. — 13, passage Mousseau, Saint-Ouen (Seine).

> *663 Lavoir breton.
> *664 Brodeuses bigoudaines.

GARDINER (Mlle Anna), née à Londres. — 9, rue Campagne-Première, Paris.

> *665 Intérieur d'église.
> *666 Cadre contenant 3 eaux-fortes : La Seine, Chartres et Veules-les-Roses.

GAUDEFROY (Mlle Suzanne), née à Boulogne-sur-Seine. — 6, rue Carnot, Levallois-Perret.

> *667 Les Bords de la Vée (Bagnoles-de-l'Orne).
> *668 Un coin du parc (Bagnoles-de-l'Orne).

GAY (Claude), né aux Clefs-sur-Thônes (Haute-Savoie). — Place Carnot, Annecy.

***669** Vallée des Bornes, Pont des Etroits, Route du Grand-Bornand.
***670** Vieux bains de Saint-Genais et le Mont Blanc.

GAYAC (Ernest), né à Bordeaux. — Guéthary (Basses-Pyrénées).

***671** Bohémienne.
***672** Danseuse.

GAYET (Ernest), né à Lyon. — 11, quai de la Pêcherie, Lyon.

***673** Intérieur de la Ferme d'Escous (Cantal).
***674** Les Toits de Salers (Cantal).

GENTY (Charles), né à Jargeau (Loiret). — 38, rue Saint-Vincent, Paris.

***675** Neige.
***676** Bord de Seine.

GÉO-BELOUET (Édouard), né à Paris. — 43, rue
de la **Victoire, Paris.**

    *677   Intérieur.
    *678   Intérieur Quereinois.

GEORGET (Henri), né à Epernay. — 2, rue Brown-
Séquard, Paris.

    *679   Les Rochers rouges.
    *680   Fleurs.

GEREBTSOFF (Mme Anne), née en Russie. — 9, rue
Falguière, Paris.

    681   Portrait de l'artiste.
    682   Enlèvement.

GHÉON (Henri), né à Argentières. — Galerie Druet,
20, rue Royale, Paris.

    *683   L'Armoire à glace (fleurs et laines).
    *684   Le Châle à la fenêtre.

GIBAUT (Maxime), né à Bois-le-Roi (Seine-et-
Marne). — Bois-le-Roi.

    *685   Oignons.
    *686   Pommes.

GILLES (Eugène-Louis), né à Rio-Janeiro (Brésil)
(Français). — Marlotte (Seine-et-Marne).

***687** Bords du Loing à Montigny.
***688** Une Vanne à Montigny.

GILLET (Victor), né à Paris. — Montigny-sur-
Loing (Seine-et-Marne).

***689** Un coin d'intérieur.
***690** Paysage breton.

GILMAN (Harold), né à Somerset (Angleterre). —
Snargate, Rommey Marsch, Kent, England.

***691** Des Poissons.
***692** Nature morte.

GIMENO (Andrès), né en Espagne. — 60, rue
Blanche, Paris.

***693** Tête de femme (pastel).
***694** Tête de femme (pastel).

GIRAN-MAX (Léon), né à Paris. — Neuville-sur-
Oise, par Conflans (Seine-et-Oise), et chez M.
Thomas, 20, rue Clapeyron, Paris.

***695** Sortie d'école à Neuville.
***696** Coin de parc à Neuville (neige).

GIRARDOT (Henri), né à Grenoble. — Les Ombra-
ges, La Tronche (Isère).

***697** Bacchus enfant.
***698** Au Bain.

GIRAUDEAU (Louis), né à Ars (Ile de Ré). — 32,
rue du Collège, La Rochelle (Charente-Inférieure).

***699** Le vieux Pilote rhétais.

GIRAUDET (Joanny), né à Moulins (Allier). — 2.
place Rabelais, Meudon (S.-et-O.).

***700** Versailles (pastel).
701 Lulu (aquarelle).

GIRIEUD (Pierre). — 30, rue Saint-Vincent, Paris.

***702** Nu.
***703** Nu dans un paysage.

GOBILLARD (Paule), née à Quimperlé. — 40, rue
Villejust, Paris.

***704** Figure.
***705** Fleurs.

GODEFROY (Gustave), né à Granville (Manche). —
35, rue Lamarck, Paris.

  *706 Le Calme (aquarelle).
  *707 Le Lendemain de Trafalgar (aquarelle).

GONNE (Maud), née à Dublin. — 13, rue de Passy,
Paris.

  *708 Sainte Brigitte (dessin en couleur).
  709 Portrait de M. Henri Favre (dessin au
    fusain).

GORE, né à Epsom (Angleterre). — 19, Fitzroy
Street Fitzroy Square, Londres.

  *710 Paysage.
  *711 Le Lit.

GOSSELIN (Mme Emilie), née à Paris. — 5, rue
Daunou, Paris.

  *712 Planche avec les objets suivants :
    1. Plaque propreté (cuivre repoussé).
    2. Femme assise (cuivre repoussé).
    3. Femmes et Fleurs.
    4. Couverture livre (cuivre repoussé).
    5. Prunes (cuivre patiné repoussé).
    6. Femmes et Fleurs.
    7. Epingles à chapeau.
    8. Plaque pour boucle ceinture (sans
      être montée).

GOTTS (Johe-P.), né à Paris. — 14, rue Bonaparte, Paris.

 *713 Crépuscule.
 *714 Sous bois.

GOUMOIS (William de), né à Bâle (Suisse). — 37, Aeschenvorstadt, Bâle (Suisse).

 *715 Un grain à la côte basque.
 *716 Shakespeare Cliff à Dover.

GOURCUFF (Gontran de), né à Nantes. — 1, rue de la Mairie, Boulogne-sur-Seine.

 *717 Baie de Cavalaire.
 *718 Le Cap Soubeyran au crépuscule.

GOURJON-BOUIS (C.-Amédée), né à Marseille. — 43, rue Caulaincourt, Paris.

 *719 Venise jour de pluie.
 *720 Le soir sur la lagune.

GOW-STENART (Alice-Mayory), née en Angleterre. — Hôtel Bordighera-Terminus, Bordighera Naly.

 *721 La Sieste de Bébé.
 *722 Fleurs des champs.

GRABOWSKA (Mlle Caroline), née en Pologne. —
14, rue Boissonade, Paris.

723 Place Saint-Marc au coucher du soleil.
724 Souvenir de Venise.

GRAF (Mme Ilma), née à Sopron (Hongrie). — 6,
rue Francisque-Sarcey, Paris.

*__725__ Paysage (Knocke).
*__726__ Etude.

GRANDJEAN (Henri-Etienne), né à Paris. — 41,
avenue Jamin, Joinville-le-Pont (Seine).

*__727__ Sous bois d'été.
*__728__ Sous bois d'été.

GRANOVSKY (Samuel), né à Ekaterinoslav (Russie). — 152, avenue du Maine, Paris.

*__729__ Mélancolie.
*__730__ Effet de neige à Paris.

GRANZOW (Wladyslaw), né à Varsovie. — 2, rue
Aumont-Thiéville, Paris.

731 Etude de femme.
732 Panneau décoratif.

GRÉGOIRE (Louis), né à Hédé (Ille-et-Vilaine). —
Antrain-sur-Couësnon (Ille-et-Vilaine).

*733   Automne, les Hêtres (vieil étang).
*734   Marine. Saint-Guénolé (Finistère); la-
       veuses bigoudaines.

GRÉGORIAN (Jean). — 5, impasse Ronsin, Paris.

*735   La Toilette.
*736   L'Enigme.

GROPÈANO (Nicolas), né en Roumanie. — 8, avenue Perrichont prolongée, Paris.

*737   Petite convalescente.
*738   Les Nounous.

GUÉRIN (Charles), né à Sens (Yonne). — 1, rue
Leclerc, et chez M. Druet, 20, rue Royale, Paris.

*739   Etude de nu.
*740   Dame au grand chapeau.

GUÉROULT (Maurice), né à Paris. — 7, square
Alboni, Paris.

*741   Renaud devant les jardins d'Armide.
742   Portrait de M. S... F...

GUIBAL-ROLAND, né à Ganges (Hérault). — 43, rue de Lévis, Paris.

> *743 Tête de femme.
> *744 La jeune fille au lys. Tentation.

GUIDO (Alfred), né à Turin (Italie). — 74, rue Bonaparte, Paris.

> *745 Bois de Boulogne (aquarelle).
> *746 Bois de Boulogne (aquarelle).

GUIEU (François), né à Marseille. — 86, boulevard du Montparnasse, Paris.

> *747 La Rue du Montparnasse.
> *748 Automne à Saint-Cloud.

GUILLAUMET (Yvonne), née à Paris. — 49, rue de Passy, Paris.

> *749 Dans l'herbe.
> 750 Sous le noyer.

GUILLEBERT (Maurice), né à Criquetot-le-Mauconduit (Seine-Inférieure). — 31, avenue de Versailles, Paris.

> *751 Après la chasse.
> *752 Bien-aller.

GUILMANT (Félix), né à Boulogne-sur-Mer. — 33,
avenue du Maine, Paris.

*753 Nature morte.
*754 Effet de contre-jour.

GUÉNISKY (Charles), né à Paris. — 25, avenue
d'Antin, Paris.

*755 Un beau coup de maillet.

GYANINY (Georges), né à Paris. — 19, rue d'Orsel,
Paris.

*757 La Route.
*758 L'Etang.

GERHARDI (Ida), née à Hagen (Westphalie). —
Lüdenscheid, Westphalie (Allemagne).

*759 Amis de jeunesse — Plus tard (es-
quisse).
*760 Une Cousine (esquisse).

HALAY (Maurice), né aux Andelys (Eure). — 76,
rue Blanche, Paris, chez M. Navez.

*761 L'Océan et la Côte Sauvage (coucher
de soleil à marée basse (Dounant),
Belle-Isle-en-Mer.

***762** L'Océan et la Côte Sauvage (la mer dans les échancrures de Vazeir (Belle-Isle-en-Mer).

HALLE (Oscar). — 33, rue Wellington, à Ostende (Belgique), et chez M. Thorux, 20, rue Clapeyron, Paris.

***763** Le Rouet.
***764** Les Débardeurs.

HALOU (A.-J.), né à Blois. — 15, rue Jacquemont, Paris.

***765** Aphrodite (statuette terre de faïence).
***766** Baigneuse au buisson (statuette terre de faïence).

HANIN (Mlle Herminie), née à Boudry (Suisse). — 53, avenue Bosquet, Paris.

***767** La Bouquetière.
***768** Pommes d'api et Nature morte.

HANRIOT (Jules-Armand), né à Arpajon (S.-et-O.) — 65, rue Lepic, Paris.

***769** Nymphe des eaux.
***770** Invocation à l'amour.

HARRISON (Mlle Mabel), née en Angleterre. —
131, rue de Vaugirard, Paris.

*771 Le Marché (Venise).
*772 Bateau (Venise).

HASSENBERG (Mme Rena), née à Varsovie. —
151 *bis*, rue de Grenelle (cité Négrier), Paris.

*773 Corbeille de fruits.
*774 Maisons à Taormine (Sicile).

HAUTRIVE (Mlle Mathilde), née à Lille (Nord). —
66, rue Rodier, Paris.

*775 La rue du Mont-Cenis, temps de neige
(pastel).
*776 Etude. Laveuse (peinture).

HAZLEDINE (Alfred), né à Mold. — 224, rue Ver-
te, à Bruxelles (Belgique).

*777 Parc.
*778 Paysage anglais.

HEGO (Maurice-Joseph), né à Paris. — 31, avenue
Henri-Martin, Paris.

*779 Coin de plage à Préfailles.
*780 Lavoir d'Arc-en-Barrois (Hte-Marne).

HÉLIS (Henri), né à Romorantin (Loir-et-Cher).
— 30, rue Vernier, Paris.

   *781   Route à Villantrois.
   *782   Le Cher à Montrichard.

HENRI-MATISSE. — 33, boulevard des Invalides, Paris.

   783   Etude.
   784   Etude.

HERBIN (Auguste), né à Quiévy. — 73, rue Notre-Dame-des-Champs, Paris.

   *785   Portrait d'homme.
   *786   Le Pont de bois.

HÉRIOT, né à Essoyes (Aube). — 15, rue Chanez, Paris.

   *787   Lac du Bois de Boulogne (matinée de septembre).
   *788   Lac du Bois de Boulogne (matinée d'octobre).

HERMANN-PAUL. — 12, rue Faustin-Hélie, Paris.

   789   Coin de salon.
   790   Petite fille au chien.

HERMENJAT (Abram), né à Genève. — Tréve-
lin, Aubonne, canton de Vaud (Suisse).

*791 Environs d'Aubonne.
*792 Environs de Lignières.

HÉROLD (Mme Marguerite), née à Mauves (Loire-
Inférieure). — 20, rue Greuze, Paris.

793 Portrait (pastel).
794 Etude.

HERPIN (André), né à Paris). — 39, boulevard
Saint-Jacques, Paris.

*795 Sous les oliviers (Antibes).
*796 Soir à Kérity.

HERSCHENFELD (Michail), né à Odessa (Russie).
— 6, place du Maine, Paris.

*797 Dessins et aquarelles pour le Retour
du Pan.
*798 Dessins réunis pour le Souvenirs d'Ita-
lie.

HERVÉ (Julien), né à La Basse-Indre (Loire-Inférieure). — 9, rue Blainville, Paris.

*799 Lever de lune au Croisic.
*800 Clair de lune au Croisic.

5

HESSE (Mme Alice), née à Paris). — 5, rue Saint-Louis, à Villemonble (Seine).

    *801 Giroflées.
    *802 Impressions sur la côte d'Azur.

HIRSCH (Louis), né à Paris. — Ermont (S.-et-O.), 120, rue de la Station.

    *803 Pierre Choppard dit l'Aimable (Cour rier de Lyon).

HERTZ-EYROLLES (Mme Cécile), née à Paris. — Arcueil-Cachan (Seine).

    *804 Monnaies du pape.
    *805 Chardons bleus.

HOLT (Mlle Ada-Helena), née à Londres. — 14, rue Boissonade, Paris.

    *806 Cri-Cri.
    *807 La petite bigoudine.

HOURTAL (Henri), né à Carcassonne. — Chez M. Tixier, 7, rue Lakanal, Grand-Montrouge (Seine) et 833, Sui Pacha, Buenos-Ayres (République Argentine).

    *808 Le Marché de Bicêtre.
    *809 Les Confidentes.

HUGONNET (Aloys), né à Morges. — 19, rue des Pyramides, Paris.

    *810 La Toilette des prix.
    *811 Intérieur de modiste.

HUGUET (Numa), né en Haute-Marne. — 3, rue Meynadier, Paris.

    *812 Eglise de Saint-Gaudens (Haute-Garonne).
    *813 Montagne (Luchon).

HURARD (Joseph-Marius), né à Avignon). — 24, rue des TroisColombes, Avignon (Vaucluse).

    *814 Vieille rue, soleil du soir (Villeneuve-lès-Avignon).
    *815 Vieille rue, soleil du matin (Villeneuve-lès-Avignon).

HURST (M.-D.), né à Horsham Park Sussex (Angleterre. — 216, boulevard Raspail, Paris.

    *816 The Windrush (aquarelle).
    817 Etudes (gravures en couleurs).

IGOUNET DE VILLERS (Charles-André), né à
Paris. — 53 *ter*, quai des Grands-Augustins, Paris.

> ***818** La Maison du père Montereau à Che-
> vry-en-Sereine.
> ***819** Clamart en automne.

ILLIES (Arthur), né à Hambourg. — Mellingstedt
bei Bergstedt Holstein (Allemagne).

> ***820** Herbstsonne.
> ***821** Act im Mondschein.

IROLLI (Vincent), né à Naples. — 14, rue Halévy,
Paris.

> ***822** Prière.
> ***823** L'Adieu.

JACK (Georges), né au Havre. — 49, rue Gabrielle,
Paris.

> ***824** La petite Italienne.
> ***825** Paysage.

JACOB-HIANS (Paul), né à Paris). — 18, rue
d'Odessa, Paris.

> ***826** Matin de septembre.
> ***827** Nature morte.

JACOBY (Gomez-Louis), né à Mexico (Mexique).
— 7, rue Théodule-Ribot, Paris.

***828** Une réussite.
***829** La loi du plus fort.

JACQUES (Frédéric), né à Paris. — 90, rue Lepic,
Paris.

830 Dessin.

JACQUEMET (Léopold), né au Château-Porcien.
— 30, boulevard Saint-Marcel, Paris.

***831** Eglise de Beautheil.
***832** Eglise de Beautheil.

JACQUEMOT (Charles-Louis), né à Tours. — 4,
avenue Daubigny, Paris.

***833** Champ de Colza (Brie).
***834** Peupliers à Bouleur (Brie).

JAMOT (Paul), né à Paris. — 11 *bis,* avenue de
Ségur, Paris.

835 Villa Torlonia (Frascati), appartient à
Mme J. D.
***836** Neige à Paris.

JANDRON (Mlle Françoise-Louise), née à Lyon. —
35, rue de Lorraine, à Saint-Germain-en-Laye.

    *837 Le Savetier (fusain).
    *838 Au jardin (pastel).

JANSSAUD (Mathurin), né à Manosque (Basses-
Alpes). — 9, impasse de l'Astrolabe (119, rue de
Vaugirard), Paris.

    *839 Un soir au Pardon de Sainte-Anne La
           Palue.
    *840 Retour de pêche à Camaret.

JAT-BELLE-ISLE (Paul), né à La Chapelle-Ven-
dômoise (Loir-et-Cher). — 148, rue de Grenelle,
Paris.

    *841 Les Falaises de Ste-Marguerite (Var).
    842 La rue du Château à La Garde (Var).

JAULMES (Gustave-Louis), né à Lausanne. —
20, boulevard d'Inkermann, Neuilly-sur-Seine.

    *843 Printemps.
    *844 Dans le parc.

JAVANELLES (Henry), né à Vincennes. — 72,
boulevard de Port-Royal, Paris.

    *845 Bas des lyces (Arles).
    *846 Chemin vert (soir).

JEANRON (Henri). — 19, boulevard Berthier, Paris.

    ***847** L'Etendard.
    ***848** Dans la poussière.

JEFFERYS (Marcel). — 69, rue Paul-Lauter, à Bruxelles (Belgique).

    ***849** Au parc de Bruxelles.
    ***850** Neige.

JELKA-ROSEN, né à Belgrade (Serbie). — Gretz-sur-Loing (Seine-et-Marne).

    ***851** Femme blonde.
    ***852** Impression d'été.

JOBERT (Fernand), né à Paris. — 11, rue de Douai, Paris.

    ***853** Port de Bandol le soir.
    ***854** Le Quai de Bandol.

JONHSON (F.-Morton), né à Boston. — 42, rue Descartes, Paris.

    ***855** La Seine un jour de neige.
    ***856** La Seine un jour de neige.

JOLLY (André), né à Charleville (Ardennes). —
6, rue Armand-Gauthier, Paris, et à Kerdavid,
par Nevez (Finistère).

> *857   Nu.
> *858   Marine.

JONIO (Henri-Alphonse-Joseph), né à Paris. — 26,
rue du Plessis, à Saint-Leu-Taverny (S.-et-O.).

> *859   Une Histoire amusante.
> *860   Après-midi d'été dans mon jardin.

JORON (Paul), né à Paris. — 9, rue Falguière,
Paris.

> *861   Ruines du château d'Hérisson (Allier).

JOSEPH (Albert), né à Paris. — Avenue de la Gare,
à Moret (Seine-et-Marne).

> *863   Le Moulin à marée basse (Ile de Bré-
>   hat).
> *864   Le Port-Clos à l'île de Bréhat (contre-
>   soleil).

JOUBERT (Henri-André), né à Paris. — 9, rue
Fontaine-au-Roi, Paris.

> *865   Pluie d'orage (peinture).
> *866   Michel Bakounine (médaillon, sculp-
>   ture).

JOURDAIN (Francis), né à Paris. — 7, avenue Céline, Neuilly-sur-Seine.

    *867 Paysage.
    *868 Paysage.

JOURDAIN-LEMOINE (André), né à Paris. — 16, rue d'Alembert, Paris.

    *869 Le Corset noir.
    *870 Les bords de la Grenne (Loir-et-Cher).

JOUSSET (Léon-Charles), né à Montereau (Seine-et-Marne). — 29, rue de l'Echiquier, Paris.

    *871 Sous bois aux Minimes (Vincennes).
    *872 En hiver, une belle matinée.

JUDITH, né à Stockolm. — 5 *bis*, rue d'Odessa, Paris.

    873 Faux jour.
    874 Contre-jour.

JULIARD (Jean-Louis), né à Paris. — 84, rue Lauriston, Paris.

    *875 Pommier.
    *876 Effet de soir.

KAHLER (Eugène), né à Prague. — 73, rue Notre-Dame-des-Champs, Galerie Notre-Dame-des-
Champs, Paris.

    *877   Composition.
    *878   Composition.

KRASZEWSKA (Mlle Stanislas-Marie), née à Varsovie. — 233 *bis,* faubourg Saint-Honoré, Paris.

    *879   Nénuphars.
    *880   Portrait.

KARAKOSE (Samuel), né à Eupatoria (Russie). —
8, boulevard de Vaugirard, Paris.

    *881   Etude de lilas.
    *882   Etude d'une femme nue endormie.

KARPELÈS (Mlle Andrée). — 19, rue Vavin, Paris.

    *883   Nature morte.
    *884   Nature morte.

KAUFFMANN (Th). — 79, rue de Dunkerque,
Paris.

    *885   Le Mas Aguil.
    *886   Marine.

KERNODIS (André DE), né à Belle-Isle-en-Mer.
— 7, rue Faraday, Paris.

    ***887** Bord de la Loire.
    ***888** A Port-Gisant (Maine-et-Loire).

KERINGER (Albert-Joseph), né à Mulhouse). —
37, rue Renaise, Laval (Mayenne).

    ***889** La Côte d'Emeraude Lancieux (Côtes-
du-Nord) (aquarelles).
    ***890** La Côte d'Emeraude Lancieux (Côtes-
du-Nord) (aquarelles).

KERN (Jean), né à Bulach (Suisse).— 22, rue Tour-
laque, Paris.

    ***891** Le Repos.
    ***892** Le Chantier.

KIRSTEIN (Alfred), né en Allemagne. — Galerie
Notre-Dame-des-Champs, 73, rue Notre-Dame-
des-Champs, Paris.

    ***893** Paysage.
    ***894** Rue.

KISSLING (Eugène), né à Châtenois (Alsace). —
8, rue Marie-et-Louise, Paris.

***895** Saules au bord de l'Orge, près de Ju-
visy.
***896** Neige au bord de l'Orge.

KLEE (Mlle Marguerite). — 25, rue Jasmin, Paris.

***897** Fleurs devant la fenêtre.
***898** Harmonie rose et grise.

KLEINMANN (Mlle Alice-Adèle), née à Paris. —
57, rue Caulaincourt, Paris.

***899** Intérieur.
***900** La Frette-Montigny.

KLINGSOR (Tristan). — 33, rue d'Alésia, Paris.

***901** Mandoline.
***902** Nature morte.

KOORT (Jaan), né en Esthonie. — 2, passage de
Dantzig, Paris.

***903** Paysage.
***904** Nature morte.

KOPP (Mlle Emma), née à Francfort. — 108, boulevard du Montparnasse, Paris.

> ***905** Nature morte.
> ***906** Plage de Kestende (Belgique).

KOROCHANSKY (Michel), né à Odessa (Russie). — Montigny-sur-Loing (Seine-et-Marne).

> **907** Bruyères, effet du soir.
> **908** Village de la Chanière (Normandie).

KOUSNETZOFF (Constantin), né en Russie). — 147, boulevard du Montparnasse, Paris.

> ***909** Rochers du Cap Frehel.
> ***910** Paysage.

KOZIEROWSKI (Maurice), né à Paris. — 41, boulevard Saint-Jacques, Paris.

> ***911** Pivoines.
> ***912** Dégel à Arcueil.

KRIEG (Mlle Elly), né à Sagan (Allemagne). — 13 *bis,* rue Campagne-Première, Paris.

> ***913** Nature morte.
> ***914** Intérieur.

KROLL (Marcel), né à Billancourt (Seine). — 11, rue Chef-de-Ville, Clamart (Seine).

> ***915** Soleil couchant.
> ***916** Paysage.

LACHAT (Louis-François), né à Paris. — 208, rue Michel-Bizot, Paris.

> ***917** Nature morte.
> ***918** Déversoir de La Teille à Saint-Gondon.

LACOSTE (Charles), né à Floirac (Gironde). — 35, boulevard Pasteur, Paris.

> ***919** Paris. Avant-jours de printemps.
> ***920** Paysage.

LADUREAU (Pierre), né à Dunkerque. — 14, avenue du Maine, Paris.

> ***921** Soleil d'été (Ypres).
> ***922** Soleil d'hiver (Bruges).

LAFABRÈGUE (Marie-Louise), née à Paris. — 25, rue Sarrette, Paris.

> **923** Ma Joye (peinture).
> **924** Une petite fille à sa bonne-maman.

LAFABRÈGUE (Berthe), née à Paris. — 25, rue
Sarrette, Paris.

925 Henriette L... (portrait).

LAFITTE (Jean-Paul), né à Fourmies (Nord). —
32, rue Lacépède, Paris.

***927** Jeune homme au perroquet.
***928** Paysage.

LAHAYE (François-Etienne), né à Combs-la-Ville.
— Villa Le Verseau, Combs-la-Ville (S.-et-M.).

***929** La presqu'île de Villefranche.
***930** Vieux oliviers.

LALLEMAND (Léon), né à Moyeuvre (Lorraine).
— 131, rue Lafayette, Paris.

***931** Chemin dans la vallée.
***932** Vieille route de Rosny.

LAMBAYR-DESMAZERY, né à Paris. — 33, rue
Bayen, Paris.

933 Au pays basque (effet du soir).
934 Paris. Brume du matin.

LAMBERT (Georges), né à Nantes (Loire-Inférieure). — 93, rue de Courcelles, Paris.

*935   Le Calvaire (soleil couchant).
*936   La cambuse Minot (Barbizon).

LAMOTHE (Geo), né à Paris. — 4, rue de Tocqueville, Paris.

*937   Pointe de Leidé (Finistère).
*938   Environs de Douarnenez (Finistère).

LANNES (Gustave), né à Paris. — 25, rue des Boulangers, Paris.

*939   Bords de l'Oise.
*940   Environs de Berck.

LAPORTE (Victor), né à Paris. — 144, rue Lecourbe, Paris.

*941   Souvenir vendéen.
*942   Croquis (banlieue parisienne).

LAPPARENT (Paul de), né à Paris. — 3, rue de Tilsitt, Paris.

*943   Blés.
*944   Route en automne.

LAPRADE (Pierre), né à Narbonne. — 14, rue Mayet, Paris.

*945 Paysage.
*946 Etude.

LATHUILLE (Louis-Gauthier), né à Paris. — 55, avenue de la Grande-Armée, Paris.

947 Femme italienne portant un chaudron.
948 La Dogana à Venise.

LAURENCIN (Mlle Marie), née à Paris. — 32, rue La Fontaine, Paris.

*949 Réunion à la campagne.
*950 L'Automne.

LAURENT-GSELL (Lucien), né à Paris. — 50, rue Saint-Georges, Paris.

*951 Le Marché de San-Remo (Italie).
*952 Environs de San-Remo.

LAUSECKER (Louis-Hippolyte), né à Paris. — 3, place Jussieu, Paris.

*953 Etude, le soir.
*954 Etude.

LAWSON (Cecil-C.-P.), né à Londres. — 2, rue Cassini, Paris.

    *955 The Gymkana.
    *956 Clair de lune.

LAXINE (David), né en Russie. — 14, rue Littré, Paris.

    *957 Un cadre de croquis.
    *958 Idylle.

LE BAIL (Louis). — « La Feuillée », Conflans-Fin-d'Oise (Seine-et-Oise).

    *959 La Neige (mars 1909).
    *960 Matin (notation).

LEBASQUE (Henri). — 15, avenue Perrichont, Paris.

    961 Couseuse (appartient à M. A.).
    *962 Etude de nu.

LE BEAU (Alcide), né à Lorient. — 151 *bis,* rue de Grenelle, cité Négrier, Paris.

    *963 Les Figuiers de Barbarie (paysage corse).
    *964 Le Printemps.

LEBEL (Gustave), né à Paris. — 81, avenue de Villiers, Paris.

> ***965** Paysage.
> ***966** Paysage.

LECOMTE (Alphonse), né à Rouen. — 143, avenue
de Villiers, Paris.

> ***967** Frise décorative.
> ***968** Frise décorative.

LECOURT (Raymond), né au Havre. — Fontaine-
La-Mallet (Seine-Inférieure).

> ***969** Chevaux à la charrue.
> ***970** Paysage d'automne.

LECREUX (Gaston), né à Paris. — 19, rue de Vin-
timille, Paris.

> ***971** Hortensias.
> ***972** Tulipes.

LEDOGARD (Georges), né à Jouy-le-Moutier (S.-
et-O.). — 2, place de la Gare, Pontoise, et chez
M. Camentron, 43, rue Laffitte, Paris.

> ***973** Paysage à Osny.
> ***974** La Neige à Osny.

LE FAUCONNIER, né à Hesdin (Pas-de-Calais. — 19, rue Visconti, Paris.

*975   Tête d'enfant.
*976   Les Rochers.

LEFEBVRE (Joseph), né à Saint-Pierre-en-Port. — Villa Marie, Saint-Pierre-en-Port (Seine-Infér.).

*977   Une rue à Saint-Pierre-en-Port (neige).
*978   Effet de neige.

LEFÈBRE (Wilhelm), né à Francfort-sur-le-Mein. — 30, boulevard Bourdon, Neuilly-sur-Seine.

*979   Eaux-fortes :
       1. Poursuivi.
       2. Vers le printemps.
       3. Dans les branches.
*980   Le lac Saint-James.

LEGRAND (Mlle Juliette), née à Vassy (Calvados). — 14, rue Mouton-Duvernet, Paris.

*981   Une ceuillette de printemps.
*982   Les Boutons d'or.

LEGUILLOUX (Léon), né à Nantes. — 31, boulevard Baudin, Alger.

***983** L'Etang du parc.

LEHMANN (Jacques), né à Paris. — 16, rue La
Fontaine, Paris.

***985** Chat au panier.
***986** Cheval.

LEHMANN (Léon), né à Altkirch. — 14, rue de
La Rochefoucauld, Paris.

***987** Paysage.
***988** Nature morte.

LEJEUNE (Henri), né à Saint-Ouen (Seine). —
21, rue Fontaine, Paris.

***989** Rochers de la Mer Sauvage (Quibe-
ron).
***990** Fermes à Pléchatel (Ille-et-Vilaine).

LEMAIRE (Charles-Louis), né à Ancy-le-Franc
(Yonne). — Elancourt (Seine-et-Oise).

***991** Pins sur les roches, cap du Mont-
Boron, soleil levant.
***992** Derniers rayons sur les pins, côte de
Villefranche.

LEMONNIER (Robert), né à Paris. — *2 bis,* square du Croisic, Paris.

***993** Vue d'horizon (Le Touquet, Pas-de-Calais).

***994** La ravine dans la falaise (Les Petites-Dalles, Seine-Inférieure).

LEMPEREUR (Edmond), né à Oullins. — 25, rue Victor-Massé, Paris.

***995** Régates à Meulan.

***996** Loin du port à Menton.

LEMPÉRIÈRE (Emmanuel), né à Saint-Nazaire (Loire-Inférieure). — *9 bis,* rue des Rouillis, Sèvres (S.-et-O.).

***997** La Vue (groupe plâtre).

LENOIR (Marcel), né à Montauban (Tarn-et-Garonne). — 7, villa Brune, Paris.

998 Jeune fille au livre.

999 Le Baiser de Salomé.

LE PETIT (A.-M.), né à Fallencourt (Seine-Inférieure). — 37, rue Lamarck, Paris, et 145, rue de
La Fère, Saint-Quentin.

*1000   Le Balcon.
*1001   La Mandoline.

LE PETIT (Alfred), né à Aumale (Seine-Inférieure). — 128 *bis,* rue de Courcelles, Levallois-Perret
(Seine).

*1002   Les Pêcheurs (île de la Jatte).
*1003   Le dernier né.

LÉPINE (Joseph), né à Rochefort-sur-Mer. — 203,
boulevard Raspail, Paris.

*1004   Tournant de rivière (Corrèze).
*1005   Maisons et jardin (Corrèze).

LERÉ (Léon), né à Paris. — 27, rue du Mail, Paris.

1006   Pont du chemin de fer (Maisons-Laf-
       fitte).
1007   Petit bras de la Seine à Maisons-Laf-
       fitte.

LEROUX (L.), né à Courbevoie (Seine). — 27, avenue Mac-Mahon, Paris.

1008 Chemin de Chapet, bois de Verneuil (Seine-et-Oise).
1009 Bois de Bécheville (Seine-et-Oise), février 1909.

LESBROS (Alfred), né à Avignon. — 52, rue des Fourbisseurs, Avignon.

1010 Vieilles maisons.
1011 Eglise de Villeneuve-lès-Avignon.

LE THIMONNIER (Paul), né à Paris. — 17, avenue des Marronniers, Asnières (Seine).

1012 Portrait de M. le lieutenant D...
1013 Portrait de M. M..., artiste dramatique.

LETOURNEUR (Charles), né à Bayeux (Calvados). — 28, rue d'Astorg, Paris.

***1014** La Lieutenance (Honfleur) (dessin aquarellé).
***1015** Etude : Cuirassier 1870 (peinture).

LEUDET (Jacques), né à Paris. — 128, avenue de Villiers, Paris.

    *1016   Entrée du port d'Enkhausen.
    *1017   Etude.

LEVERD (René), né à Hesdin (Pas-de-Calais). — 71, rue de Buffon, Paris.

    *1018   La neige à Monthléry.
    *1019   A la fontaine (Venise).

LHOTE (André), né à Bordeaux. — 16, rue Margaux, Bordeaux.

    *1020   Jardin d'amour.
    *1021   Neige.

LOISELLE (Georges-Marie-Louis), né à Paris. — 45, rue de Sèvres, Paris.

    *1022   Soir sur l'étang.
    *1023   Pêches et raisins.

LOMBARD (Gaëtan), né à Paris. — 32, rue Caumartin, Paris.

    *1024   Les Gorges de l'Argenton.

LOUIS-MION, né à Lyon. — 20 *bis,* rue Gravel, à Levallois (Seine) et à Valence (Drôme).

1025 La Crique.
1026 Vieilles maisons sur le port.

LOUSCHNIKOFF (Alexandre), né à Kiakhta (Sibérie). — 17, avenue Trudaine, Paris.

*1027 Repos.
*1028 Ville dans les montagnes.

LA HOUGUE (Jean de), né à Avranches (Manche). — 105, rue N.-D.-des-Champs, Paris.

*1029 Intimité.
*1030 Intérieur.

LUBET (Jean-Paul-Louis), né à Bordeaux. — 106, boulevard Montparnasse, Paris.

*1031 Intimité.
*1032 Coquetterie.

LUCE (Maximilien), né à Paris. — 102, rue Boileau, Paris.

*1033 Le bon Samaritain.
*1034 Vue de Hollande.

LUDLOW (Mlle Mary-Sophia), née en Angleterre.
— Monneville (Oise).

> *1035 Brodeuse.
> *1036 Devant la glace.

LUTHMER (Else), née à Francfort-sur-le-Mein. —
Waidmannstrasse, 49, Francfort-sur-le-Mein.

> *1037 Fleurs blanches au soleil.
> *1038 Dans la neige.

LUZO-MAG (Mme), née en France. — Villa « Les
Liserons », Cagnes (Alpes-Maritimes).

> *1039 Citrons.
> *1040 Poupées japonaises.

MAC-CAUSLAND (Katharine), née à Dublin (Ir-
lande). — Marlotte (Seine-et-Marne).

> *1041 Petit Breton.
> *1042 Petite Bretonne.

MADELINE (Paul), né à Paris. — 17, quai Voltaire,
Paris.

> *1043 Chaumière bretonne.
> *1044 Les barques au repos.

MAGLIN (Firmin), né à Paris. — 25, rue d'Yerres, Montgeron (Seine-et-Oise).

 *1045 Salammbô.
 *1046 Sacrifiée.

MAILFAIRE (Louis), né à Paris. — 6, rue Pruvot, Vanves (Seine).

 *1047 Paysage à Fleury (Seine).
 *1048 Paysage : Clair de lune.

MAINSSIEUX (Lucien), né à Voiron. — 23, rue de Lille, Paris.

 *1049 La route. Soleil couchant de printemps.
 *1050 Odalisque.

MALLEVILLE (Lucien de), né à Périgueux (Dordogne). — 27, avenue d'Antin, Paris.

 *1051 Le rocher Molènes (Dordogne).
 *1052 Une rue à Collonges (Corrèze).

MANCEAU (Paul), né à Loches (Indre-et-Loire).— dogne). — 27, avenue d'Antin, Paris.

 *1053 Le Marché aux fleurs de Nice (étude).
 *1054 Le port de St-Jean, près Nice (étude).

MANGUIN (Henri), né à Paris. — 7, rue Saint-
James, Neuilly-sur-Seine.

    ***1055**   Étude.
    ***1056**   Étude.

MANUSSON (M^ile^ Rose), née à Moscou. — 83 *bis,*
rue Notre-Dame-des-Champs, Paris.

    ***1057**   Au bord de la mer (Italie).
    ***1058**   Quatre vieilles.

MANZANA, né à Paris. — 20, rue Choron, Paris.

    ***1059**   Scène d'Orient.
    ***1060**   Scène d'Orient.

MARCEL-BÉRONNEAU (Pierre), né à Bordeaux.
— 11, impasse Ronsin, Paris.

    ***1061**   Sur les ruines.
    ***1062**   Salomé.

MARCEL-CLÉMENT, né à Paris. — 38, rue Boileau, Paris.

    ***1063**   Les Jouets mécaniques.
    ***1064**   Lumières du soir.

MARCHAISON (Germain), né à Paris. — 34, rue
Basfroi, Paris.

1065 Vitrine d'émaux :
1. Portraits de M. et de Mme Vau-
thier.
2. Portrait de Mme Roy.

MARCHAL (Achille-Gaston), né à Saint-Denis
(Seine). — 4, rue du Port, Thorigny (Seine-et-
Marne).

*__1066__ Paysage.
*__1067__ Paysage.

MARCHAND (Anatole), né à Nevers (Nièvre). —
32, rue de la Santé, Paris.

*__1068__ Au Luxembourg.
*__1069__ Paysage.

MARCOLESCO (Georges), né à Bucarest. — 3, rue
Mariotte, Paris.

*__1070__ Rouge aux lèvres.
*__1071__ Chauffant sa brassière.

MARE (Ch.-André), né à Argentan (Orne). — 3, rue Vercingétorix, Paris.

> *1072 Pluie.
> *1073 Sous la tonnelle.

MARCUS (Mlle Suzy). née à Paris. — 69, rue d'Hauteville, Paris.

> *1074 Le Panier renversé.
> *1075 Le chaudron de mon aïeule.

MARGUERÉ (Henry), né à Paris. — 7, quai Voltaire, Paris.

> 1076 L'Oiseau bleu.
> 1077 Roses effeuillées.

MARINOT (Maurice), né à Troyes. — 5, Petite-Rue Bégand, Troyes.

> *1078 Femmes et enfants.
> *1079 Femme et son enfant.

MARQUE (Albert), né à Nanterre. — 62, rue Bargue, Paris.

> *1080 Statuette d'enfant (étude).
> *1081 Statuette d'enfant.

MARQUET (Albert), né à Bordeaux. — 19, quai
Saint-Michel, Paris.

1082 Paysage.
1083 Paysage.

MARRE (Henri), né à Montauban. — 1, rue de la
Comédie, Montauban (Tarn-et-Garonne).

*1084 Le Marché.
*1085 Maison et jardin au printemps.

MARS-ANTONY, né à Château-Renard (Bouches-
du-Rhône). — 103, avenue du Roule, Neuilly-sur-
Seine.

*1086 L'Oise, le matin, à Saint-Ouen-l'Au-
mône.
*1087 L'Oise, le soir, à Pontoise.

MARTIN (Jacques), né à Villeurbanne. — 52, chemin de Baraban, Lyon.

*1088 Prunes.
*1089 Coings.

MARTIN (Jean-Léon), né à Issoire (Puy-de-Dôme).
— 7, boulevard Arago, Paris.

*1090 Nature morte.
*1091 Nature morte.

MARVAL (Mme). — 9, rue Campagne-Première, Paris.

> ***1092** Juin.
> ***1093** La Malmaison.

MASSIN (Louis-Eugène-Pierre), né à Paris. — 95, rue de Vaugirard, Paris.

> ***1094** Dans la prairie (environs de Concarneau) (Finistère).
> ***1095** Fileuse à Paimpol (Bretagne).

MASSOUL (Félix), né à Saint-Germain (Seine-et-Marne). — 17, rue des Pivoines, Alfortville (Seine) (En collaboration avec Mme Massoul).

> ***1096** Vitrine contenant des céramiques.

MATHAN (Raoul de), né à Albi (Tarn). — 10, rue d'Orchampt, Paris.

> ***1097** Le Cirque.
> ***1098** Ronde d'enfants.

MATISSE (Henri), né au Cateau (Nord). — 33, boulevard des Invalides, Paris.

> ***1099** La Femme aux yeux verts.
> ***1100** L'Espagnole.

MAUPRAT (Henri), né à Barfleur (Manche). —
81, boulevard Saint-Michel, Paris.

*1101 Moulin de Tocqueville.
*1102 Gatteville.

MAURISSARD (Charles de), né à Sceaux (Seine).
— 4, rue Jean-Vaury, Paris.

*1103 Tête de femme (étude).
*1104 Tête de femme (étude).

MAY (Philip), né en Angleterre. — Villa « Mon
Repos », route de Villeneuve, Cagnes (Alpes-Maritimes).

1105 Paysage.
1106 Paysage.

MAYER (Maxime), né à Paris. — 164, avenue de
Versailles, Paris.

*1107 Nature morte.
*1108 Fleurs.

MAYNARD (Guy), né à Northampton. — Montigny-
sur-Loing (Seine-et-Marne).

*1109 Le vieux Politicien.
*1110 Le Scieur de bois.

MAZARD (Alphonse-Henri), né à Paris. — 48, rue de Vanves, Paris.

1111 Dans le jardin.
1112 Bords de l'Essonne.

MÉCHAIN (Louis), né à Saintes (Charente-Infé-rieure). — Villa des Acacias, Clamart (Seine).

*1113 Vieilles maisons au bord de la Cha-rente.
*1114 Une source en Saintonge.

MEISEL (Jules), né à Vienne (Autriche). — 2, pas-sage de Dantzig, Paris.

*1115 Enfant (plaquette bronze).
*1116 Groupe bronze.

MÉNARD (Henry), né à Brueil (Seine-et-Oise). — Place Gency, Meulan (S.-et-O.).

*1117 L'Epave.
*1118 Départ de pêcheurs à Luc-sur-Mer.

MERCOYROL (Marguerite), née à Constantine (Algérie). — 4, rue du Maure, Laigle (Orne).

*1119 Intérieur.
*1120 Paysage.

MESENS (Mlle Jeanne), née à Bruxelles. — 79, rue des Rentiers, Paris.

> ***1121** Bégonias bulbeux (aquarelle).
> **1122** Automne (aquarelle).

MESSEMIN (Eugène), né à Chapelle-Saint-Mesmin (Loiret). — 13, place du Marché, Saint-Denis (Seine).

> **1123** La Loire en automne (Orléanais).
> ***1124** Le Repos.

METCHNIKOFF (Mlle Olga), née en Russie. — 32, rue du Guet, Sèvres (S.-et-O.).

> ***1125** Portrait.
> ***1126** Étude (Azalée).

MÉTHEY (André), né à Laignes (Côte-d'Or). — 3, rue du Maine, Asnières (Seine).

> ***1127** Une vitrine faïence et poterie vernissées.

METZINGER (Jean). — 77 *bis*, rue Legendre, Paris.

> ***1128** Baigneuses.
> ***1129** Paysage.

MEUNIÉ (Paul-Henri), né à Paris. — 1, rue de la
Maye, Versailles.

> *1130 Mer d'équinoxe. — Côtes de Basse-Bre-
> tagne.
> *1131 Crépuscule. — Bassin d'Arcachon.

MICHAUD-COMTE (Marie), née à Lyon. — 50,
rue Vavin, Paris.

> *1132 Les Cerises.
> 1133 Tête d'étude.

MIGNON (Lucien), né à Angers (Maine-et-Loire).
— 51, rue du Cardinal-Lemoine, Paris.

> *1134 Tête de bébé.
> *1135 Paysage.

MIGNON (Jules-Albert), né à Angers. — 27, rue
Campagne-Première, Paris.

> *1136 Le Marché Saint-Médard.
> *1137 La route de Bon-Secours à Rouen.

MILLARD (Ernest-Jean-Marie), né à Paris. — 7,
boulevard Arago, Paris.

> *1138 Le Champ de foire de Fougères (aqua-
> relle).
> *1139 La Rue du Commerce à Nevers (aqua-
> relle).

MILLIARY (Paul), né à Paris. — 18, rue Labruyère, Paris.

    *1140 La Rentrée du troupeau (soir de septembre).
    *1141 La Mare aux Roches (automne).

MILLOT (Eugène-Charles), né à Paris. — 201, rue de Paris, Charenton (Seine).

    *1142 Reines-Marguerites (fleurs).
    1143 Portrait d'enfant.

MOHRIEN (Achille), né à Paris. — 1 *bis*, rue Saint-Gilles, Paris.

    *1144 Au jardin.
    *1145 Dernier rayon de soleil.

MONJAUZE, né à Paris. — 8, boulevard de Clichy, Paris.

    *1146 Dans le torrent.
    *1147 Après le bain.

MONTIGNY (Jenny), née à Gand (Belgique). — Deurle, (Flandre orientale, Belgique).

    *1148 Printemps.
    *1149 Blés en juin (après-midi).

MORARD (Henri-Charles), né à Clermont (Oise).
— 4, rue du Lunain, Paris.

*1150 La Neige.
*1151 La Gelée blanche.

MOREAU (Pierre-Louis), né à Paris. — 12, rue
Chanoinesse, Paris.

*1152 Paysage.
*1153 Paysage.

MOREAU (Luc-Albert), né à Paris. — 15, rue du
Cherche-Midi, Paris.

1154 Pochade.
1155 Pochade.

MOREROD (Edouard), né en Suisse. — 43, rue de
Douai, Paris, chez M. Gadin.

*1156 Paysage de Tolède.
*1157 Groupe de gitanes (soir).

MORTIMER-GRONOW, né à .Paris. — 39, rue
Washington, Paris.

*1158 Etude (figure).
*1159 Volontaire de la République (1792).

MOUCHON (Georges), né à Paris. — 6, rue Chœlcher, Paris.

 *1160 Etude (paysage) vallée de l'Yvette.
 *1611 Un dessin. Etude pour un dessus de porte exécuté à Lille chez M. B...

MOUTARD (Ernest), né à Guerchy (Yonne). — 34, boulevard Exelmans, Paris.

 *1162 Chrysanthèmes (aquarelle).
 *1163 Panier fleurs diverses (aquarelle).

MOUTHIER (Hippolyte-Louis), né à Grenoble (Isère). — 10, rue Corvisart, Paris.

 *1164 Vallée de Chamonix et l'Aiguille du Dru.
 *1165 Grenoble, matinée d'été.

MULLER (William), né à Berne (Suisse). — 18, rue Valentin-Haüy, Paris.

 *1166 Figure.
 *1167 Figure.

NAILLOD (Charles), né à Paris. — 39, rue Lamarck, Paris.

 *1168 Tabarin quadrille.
 *1169 Femme aux babouches.

NAMUR (Paul-Franz), né à Valenciennes. — 68, rue Spontini, Paris.

> *1170 L'Eglise de Dives.
> *1171 Le Viaduc.

NANTEUILLE (François), né à Paris. — 82, rue Claude-Bernard, Paris.

> 1172 Etang Saint-Hubert au Perray (Seine-et-Oise).
> 1173 Marché à Vitré (Ille-et-Vilaine) (aquarelle).

NICOLET (Gaston), né à Paris. — 6, rue Aumont-Thiéville, Paris.

> *1174 Calme plat.
> *1175 Temps gris.

NINGRES (Jean), né à Toulouse. — 23, rue Oudinot, Paris.

> 1176 La Tentation de Parsifal.
> *1177 Baigneuse.

NIVOULIÈS (Mlle Marie), née à Toulon. — 11, rue de Sèvres, Paris.

> *1178 Marine.
> *1179 Marine.

NOBLOT (Marcel), né à Metz. — 116, boulevard du
Montparnasse, Paris.

*1180 Paysage à Louveciennes.
*1181 Paysage à Louveciennes.

NOBLE (John). — 7, rue Belloni, Paris.

*1182 Paysage.
*1183 Paysage.

NONELL-MONTURIOL (I.), né à Barcelone (Espagne). — 50, rue Baja de San-Pedro, Barcelone
(Espagne).

*1184 Soledad.
*1185 Etude.

NORMAND (Constant), né à Paris. — Dieppedalle-
lès-Rouen (Seine-Inférieure).

*1186 Bords de Seine au Val-de-la-Haye.
*1187 Ruines. Bourg de Murat (Allier). (des-
sin rehaussé).

NUMA-GILLET, né à Bordeaux. — Montigny-sur-
Loing (Seine-et-Marne).

*1188 Passion.
*1189 Sérénité.

OBERTEUFFER (George), né à Philadelphie (Amérique). — 17, rue Delambre, Paris.

 *1190 L'Hiver.
 *1191 L'Hiver.

OFFNER (Georges), né à Nanterre (Seine). — 40, rue Voltaire, Saint-Germain-en-Laye.

 *1192 Matin de givre.
 *1193 Arbres en fleurs.

OLIVIER (Ferdinand), né aux Martigues (Bouches-du-Rhône). — 6, square Delambre, Paris.

 *1194 Barbiers et marchands de couscous (Tunis).
 *1195 Reflets d'or (Martigues).

OPPENHEIM-ARTAVAL (Georges), né à Hambourg. — 17, rue Campagne-Première, Paris.

 *1196 Liseuse.
 *1197 La belle Pépita.

ORGAZ (Pascal), né à Bayonne (Basses-Pyrénées). — 233, rue Championnet, Paris.

 *1198 Nature morte (cuivre).
 *1199 Nature morte (pipe et livres).

OSTROWSKI (Stanislas), né à Varsovie). — 65, boulevard Arago, Paris.

    *1200 Adam Mickiéwicz (buste).
    *1201 Tête sur colonne.

OTTMANN (Henry), né à Ancenis (Loire-Inférieure). — 9, quai de Bourbon, Paris.

    *1202 Le Buffet (nature morte).
    *1203 Intérieur.

OTTOZ (Emile), né à Paris. — 7 *bis*, rue Duperré, Paris.

    *1204 L'Oise, après-midi d'été.
    *1205 L'Oise, matinée d'automne.

OULÈS (Henri-Joseph-Martin-Paul), né à Castres (Tarn). — 4, rue de Versailles, Montfort-l'Amaury (Seine-et-Oise).

    *1206 Etude.
    *1207 Etude.

OURY (Mlle Thérèse), née à Chartres. — 12, rue de Chèvres, Chartres (Eure-et-Loir).

    *1208 Les Raisins.
    *1209 Une rue à Penne (Tarn).

PADILLA (Claudio), né à Grenade (Espagne). —
36, rue d'Assas, Paris, chez M. Frédéric Lauth.

> *1210   Fête nocturne (El Tango).
> *1211   Danse (Baile Serrano).

PANON (Augustin), né à l'Ile de la Réunion. — 19,
rue Vernier, Paris.

> *1212   Chrysanthèmes.
> *1213   La Seine au quai Henri IV.

PARENT (Léon-Louis), né à Armentières (Nord).
28, place Marcadieu, Tarbes (Hautes-Pyrénées).

> *1214   Intimité.
> *1215   Dans les prés.

PARMENTER (Mabel), née en Angleterre. — 104,
rue d'Assas, Paris.

> *1216   Nature morte.
> *1217   « Auprès de ma Blonde ».

PARMENTIER (Georges), né à Paris. — 85, rue
de la Roquette, Paris.

> *1218   Désert d'Apremont (forêt de Fontai-
>   nebleau).

PATERNE-BERRICHON, né à Issoudun (Indre).
— 18, avenue de la Frillière, Paris.

*1219 Dessin.
*1220 Nature morte.

PATISSOU (Jacques), né à Nantes. — 11, rue
Saint-Simon, Paris.

*1221 Nature morte (La Musique).
*1222 Paysage (Etude de quai).

PAVIOT (Louis), né à Lyon. — 63, rue Caulaincourt, Paris.

*1223 Après le bain.
*1224 Le Rhône.

PECCATTE (Charles), né à Baccarat. — 27, rue
Thurin, Saint-Dié.

*1225 Le Printemps à Avignon.
*1226 Automne dans les Vosges.

PÉGOT-OGIER (Jean), né en Espagne de parents
français. — Belle-Vue, Hennebont (Morbihan).

*1227 Les choux.
*1228 Bretonne à la poupée.

PELOSI (Pascal), né à Paris. — 16, boulevard Edgar-Quinet, Paris.

    *1229   Étude.
    *1230   Léda.

PENOT (Eugène-Edouard), né à Pithiviers (Loiret). — 223, rue de l'Université, Paris.

    *1231   La meule de foin.
    *1232   Le matin en septembre.

PERCHERON-MUSSA, né à Paris. — Villa des Arts, 22, rue Raynouard, Paris.

    *1233   Barques sardinières au clair de lune à Camaret-sur-Mer (Finistère).
    *1234   Venise (le soir).

PÉRELMANN (Joseph), né à Saint-Pétersbourg. — 88, rue Bonaparte, Paris.

    1235   Portrait de M. Jan José Frappa, homme de lettres.
    *1236   Dans le laboratoire du professeur Nicolas.

PÉRINET (Louis-André), né à Poissy. — 7, rue de Citeaux, Paris.

    *1237   Village Bréhatin.
    *1238   Le vieux moulin à eau (île de Bréhat).

PERRIER (Arthur), né à Lasalle (Gard). — 18, rue
Custine, Paris.

1239 Paysage animé.
1240 Paysage animé.

PERROUDON (Lucien), né à Ferté-Gaucher (S.-
et-M.). — 82, avenue de Clichy, Paris.

***1241** Effet de neige.
***1242** Effet de neige.

LA PERRIÈRE (Henri), né à Paris.— 32, rue Caumartin, Paris.

***1243** L'Étang de Maison.
***1243**bis Bords de rivière.

PESKÉ (Jean), né en Russie. — 39, boulevard Saint-
Jacques, Paris.

1244 Les fleurs.
1245 Cueillette des pommes.

PETIT (Henri), né à Paris. — Les Augeries, Fon-
taine-en-Sologne (Loir-et-Cher).

***1246** Portrait.
***1247** La mer.

PETITJEAN (Hippolyte), né à Mâcon. — 26, rue
Nansouty, Paris, villa du Parc-Montsouris.

> ***1248** Etude.
> ***1249** Etude.

PEYRARD (Charles), né à Paris. — 16, rue Fro-
chot, Paris.

> ***1250** Le vieux Pont.
> ***1251** Coucher de soleil dans la vallée.

PFEFFERMANN-PANN (Abel), né en Russie. —
2 *ter*, avenue de Ségur, Paris.

> ***1252** La musique (triptique).
> ***1253** Salle de concert.

PHILOSOPHOFF (Adine), née à St-Pétersbourg.
— Donville, par Granville (Manche).

> ***1254** Au Cimetière.

PHROD (Léo), né à Genève. — Pont-d'Avignon
(Gard).

> ***1255** « Mireille ».
> ***1256** Le Palais des Papes (Avignon).

PICART-LEDOUX (Charles), né à Paris.— 32, rue Gabrielle, Paris.

> *1257   Le Coffret.
> *1258   La halte.

PICHON (Suzanne), née à Nancy. — 1, rue de Saint-Quentin, Le Havre.

> *1259   Un petit lac (Melchsee-Frutt).
> *1260   La chapelle près du lac (Melchsee-Frutt).

PICHON (Alfred), né à Angoulême. — 1, rue de Saint-Quentin, Le Havre.

> *1261   La plage (Le Havre).
> *1262   La sortie du port (Le Havre).

RAMON-PICHOT, né à Barcelone (Espagne). — 142, avenue de Versailles, Paris.

> *1263   Les poteries (peinture).
> *1264   Retour de la foire (pastel).

PIÉBOURG (Louis), né à Chartres. — 7, rue de Bagneux, Paris.

> *1265   Nature morte.
> *1266   Nature morte.

PIÉRIN (Mlle Amélina), né à Carnières (Nord). —
42, rue Caulaincourt, Paris.

> *1267 Fleurs.
> *1268 Fleurs.

PIET (Fernand), né à Paris. — 38, rue Rochechouart, Paris.

> *1269 Mère et Enfant (Midelburg, Hollande).
> *1270 La grande bleue (Loctudy).

PIMIENTA (Gustave-G.), né à Paris. — 66, rue du
Bois, Levallois-Perret (Seine).

> *1271 Plâtre.
> *1272 Tête (plâtre).

PIROLA (René), né à Paris. — 6, boulevard de Clichy, Paris.

> *1273 Corse (Balagne).
> *1274 Corse (Balagne).

PIVAND (Henri-Victor), né à Paris. — 9, rue
Fontaine-au-Roi, Paris.

> *1275 Nature morte.

PLEHN (M^llc Alice), née à Kopitkowo (Allemagne).
17, rue Campagne-Première, Paris.

1276 Le Luxembourg.
1277 Le Luxembourg.

PLISSON (Charles), né à Paris. — 35, rue Boulard, Paris.

*1278 Vieille porte (environs de Cahors).
*1279 Une rue (environs de Cahors).

PLUMET (Jean), né à Mâcon. — 34, rue des Apennins, Paris.

*1280 Paysage.
*1281 Paysage.

POULAIN (Edmond), né à Bobigny (Seine). — 35, rue Linné, Paris.

*1282 Après-midi d'été à Lascelle (Cantal).
*1283 La Jordanne à Lascelle (Cantal).

PRAOTZEW (Serge), né à Riasane (Russie). — Ecole russe, Le Plessis-Piquet (Seine).

1284 Jeune révolutionnaire russe, Mme Ragoznskoff.

PRATH (René). — 26, rue La Fontaine, Paris.

***1285** Nature morte.
***1286** Paysage d'hiver.

PRINCE (Georges-Alphonse), né à Paris. — 4, rue Tardieu, Paris.

***1287** Bouquet d'hortensias.
***1288** Fleurs de printemps.

PSTROKONSKA (Marie de), née en Pologne. — 3, rue Bara, Paris.

1289 Portrait du violoniste S. de Jarecki.
1290 Vagabond.

PUY (Jean), né à Roanne. — 3, rue Etienne-Jodelle, Paris.

***1291** Femme nue.
***1292** La comparaison.

PYNENBURG (Reinier-Marinus), né à Vucht (Hollande). — 23, rue Oudinot, Paris.

***1293** Intérieur hollandais.
***1294** L'étable.

QUEDENFELDT (Anna), née à Duisbourg- sur-Rhin. — 9, rue Campagne-Première, Paris.

***1295** Intérieur.
***1296** Le sculpteur.

QUÉNIOUX (Gaston), né à Sambin (Loir-et-Cher). — 114, rue de Vaugirard, Paris.

***1297** La baie du Trayas.
***1298** Paysage de Loire.

QUESNEL (Robert-Cam.), né à Paris. — 12, rue de Bagneux, Paris.

***1299** Paysage Toscan.

QUILLIVIC (René), né à Plouhinec (Finistère. — 59, avenue de Saxe, Paris.

***1300** Buste en marbre.
***1301** Buste en bronze.

RAMBERT (Charles), né à Lausanne (Suisse). — 88, rue Bonaparte, Paris.

***1302** Coucher de soleil sur le lac Léman.
***1303** En hiver à la montagne.

RAMEAU (Claude), né à Bourbon-Lancy. — 68, rue
de l'Ouest, Paris.

*1304   Arcadie (esquisse).
*1305   La Chaumière (Morvan).

RAMOND (Paul), né à Toulouse. — 3, place inté-
rieure Saint-Michel, Toulouse (Haute-Garonne).

1306   Le Soir.
*1307   Paysage d'octobre.

RAOUL-MARIE (Edmond), né à Paris. — 18, rue
de Mesmes, Bougival (Seine-et-Oise).

*1308   Ça touche !
*1309   La Seine à Bougival.

RAPPA (Séverin), né à Andorno-Cacciorna (Italie).
— 37, rue de Charonne, Paris.

1310   Dessins et portraits au crayon.
1311   Dessins et portraits au crayon.

RAYNARD, né à Issoire. — 98, rue Chardon-La-
gache, Paris.

*1312   Rêverie.
*1313   Etude.

RÉAL (Daniel), né à Guîtres (Gironde). — 12, rue du Moulin-de-Beurre, Paris.

*1314 Marché à Guîtres (Gironde).
*1315 Marché à Centras (Gironde).

RÉCAPPÉ-ALQUIER (Mme), née à Paris. — 5, rue Gœthe, Paris.

*1316 Ferme à Carolles.
*1317 Carolles.

REGNIAULT (Georges-Philippe), né à Paris. — 82, avenue Parmentier, Paris.

*1318 Sainte-Honorine-des-Pertes (Calvados), un coin abandonné.
*1319 Sainte-Honorine-des-Pertes (Calvados), la vallée.

REGNIER (Ludovic), né à Paris. — Villa des Tilleuls, 45, rue de Sèvres, Clamart (Seine).

*1320 Pêches et Raisins.
*1321 Fleurs des blés.

RENAUDOT (Paul), né à Rome. — 1, rue Cassini, Paris.

*1322 Coin d'intérieur.
*1323 La Seine après Rouen.

RENÉ-JACQUEMIN, né à Saint-Denis (Seine). — 35, rue Monge, Paris.

    ***1324**   Etude.
    1325   Portrait (Appartient à M. F. R...).

RENÉ-JUSTE (Jean-Camille), né à Paris. — Marlotte (Seine-et-Marne).

    1326   Mon jardin sous la neige.
    1327   Mon jardin par le dégel.

REITTER (Charles), né à Paris. — 67, rue Montorgueil, Paris.

    1328   Un encrier. Eucalyptus (modelage).
    1329   Un vase fleurs de Cobéa (ciselure).

REYMOND (Carlos), né à Paris. — 5, avenue Bosquet, Paris.

    ***1330**   Voiles au sec.
    ***1331**   Derniers rayons.

REYMOND-DE-BROUTELLES (Maurice), né à Genève. — 75, boulevard Saint-Michel, Paris.

    ***1332**   Soleil couchant.
    ***1333**   Coucher de soleil.

REYRE (Mme Valentine), née à Paris. — 9, rue
Sainte-Geneviève, Senlis (Oise).

1334 En été.
1335 Fillette et jeune chien.

RIBEMONT-DESSAIGNES (Georges), né à Mont-
pellier (Hérault). — 141, rue Perronet, Neuilly-
sur-Seine.

*1336** Danseuse au voile orange.
*1337** Le nuage.

RICHARD (Tristan), né à Rodez. — 35, rue Rousselet, Paris.

*1338** Dans une cour.
*1339** Dessin aux trois crayons.

RICHARD (Antony-Georges), né à Paris. — 215 *bis*
boulevard Voltaire, Paris.

1340 Les blés.
1341 Champ de luzerne.

RICHARD (Gustave), né à Metz. — 27, rue du
Rhin, Paris.

*1342** Le Pont-Neuf.
*1343** Châlet à Château-d'Œx (Suisse).

RIGAUD (Pierre-Gaston), né à Bordeaux (Gironde).
— 6, rue Aumont-Thiéville, Paris.

*1344 Les pins dans le soleil.
*1345 Intérieur d'église.

RIVAUD (Charles), né à Boismorand (Loiret). —
23, rue de Seine, Paris.

1346 Vitrine contenant quelques bijoux de
technique exécutés suivant les pro-
cédés anciens.

ROBERT (Armand), né à Laferté-sur-Aube (Haute-
Marne). — 4, rue Sévéro, Paris.

*1347 Hêtres et bouleaux.
*1348 Coin de jardin.

ROBERT-DELAUNAY, né à Paris. — 24, quai du
Louvre, Paris.

*1349 Nature morte.
*1350 Nature morte.

ROBIN (Maurice), né à Paris. — 9, rue d'Arcole,
Paris.

*1351 Deux dessins.
*1352 La place de l'Hôtel-de-Ville et le pont
d'Arcole.

ROBINEAU (Edouard-Gabriel), né à Paris. — 5, quai de Montebello, Paris.

    *1353   Les Fiz, Saint-Gervais (Haute-Savoie).
    *1354   Tête noire, Saint-Gervais (Haute-Savoie).

RODIER (Mlle Marguerite), née à Darney (Vosges). 35, rue de l'Arbalète, Paris.

    1355   Flânerie d'été.
    1356   A la moisson.

ROGERS (Mme Charlotte-Starck). — *27 bis,* avenue de Montsouris, Paris.

    *1357   Après-midi d'automne.
    *1358   Paysage.

ROÏG (Pablo), né à Barcelone (Espagne). — 96, rue Lamarck, Paris.

    1359   Ecuyère (vue de dos).
    1360   Ecuyère saluant.

ROLL (Marcel-Philippe), né à Paris. — 15 *bis,* rue Chaptal, Levallois-Perret (Seine).

    *1361   Fleurs d'hiver.
    *1362   La chaumière fleurie.

ROSENBERG (J.), née à Paris. — 14, rue de Chabrol, Paris.

*1363 Cabinet des porcelaines.
*1364 Encoignure Louis XVI.

ROSENSTOCK (Isidore), né à Strasbourg (Français). — 43, avenue Victor-Hugo, Paris.

*1365 Etude de fleurs.
*1366 Etude de fleurs.

ROSENTHAL (Léon), né à Paris. — 9, rue du Val-de-Grâce, Paris.

*1367 Cour sous la neige.
*1368 Toits sous la neige.

ROUART (Ernest), né à Paris. — 235, faubourg Saint-Honoré, Paris.

*1369 Etude de femme demi-nue.
*1370 Etude.

ROUAULT, né à Paris. — 14, rue de la Rochefoucauld, Paris.

*1371 Juges.
*1372 Fille.

ROUDNIEFF (Serge), né à Moscou. — 108, boulevard du Montparnasse, Paris.

*1373 Etude (paysage).
*1374 Etude.

ROUGEOT (Pierre), né à Paris. — 59, rue de Rivoli, Paris

1375 Nature morte.
1376 Nature morte.

ROUILLON-CARBONNIER (Mme Marie), née au Château-du-Rû (Seine-et-Marne). — 34, rue Saint-Hilaire, La Varenne (Seine).

1377 Pierrot.
1378 Deux sœurs.

ROUMÉGUÈRE (J.-L.), né à Auch (Gers). — 66, avenue des Gobelins, Paris.

*1379 Un incendie.
*1380 Soleil du soir dans les Hautes-Pyrénées.

ROURE (Auguste-Louis), né à Avignon. — 12, rue du Petit-Paradis, Avignon (Vaucluse).

*1381 Pamparigouste.
*1382 Rhône et Durance.

ROUSSEAU (Mlle Jeanne), née à Paris. — 10, rue Daubigny, Paris.

*1383 Paysage du Midi.
*1384 Fleurs.

ROUSSEAU (Henri), né à Laval. — *2 bis,* rue Perrel, Paris.

*1385 La Muse inspirant le Poète.
1386 Portrait (paysage), appartient à M. B...

ROUSSEL (Xavier-K.), né à Metz. — L'Étang-la-Ville (Seine-et-Oise).

*1387 Faune à l'affût.
*1388 Cortège de Bacchus.

ROUSSEL-MASURE (Henri), né à Paris. — A l'Écluse, Pontoise (Seine-et-Oise).

*1389 Effet de neige.
*1390 Bords de l'Oise.

ROUSSELET (Etienne), né à Paris. — 3, rue de Sontay, Paris.

*1391 Quatre études aux deux crayons (dessin).
*1392 Une étude aux deux crayons (dessin).

ROUSTAN (Emile), né à Pnôm-Penh (Cambodge).
— 24, rue Mayet, Paris.

    *1393   La neige (place de l'Institut).
    *1394   La neige au jardin du Luxembourg.

ROYET (Hyacinthe), né à Avignon. — 44, rue du
Château-d'Eau, Paris.

    *1395   Luxuria.
    *1396   Soir d'été.

RUIZ (Mᵐᵉ Lola de), née à la Havane. — 27, rue
Tronchet, Paris.

    *1397   Tête de jeune fille.
    *1398   Portrait de Mme Cosset, de l'Opéra.

RUSSEL (John), né en Australie. — 56, rue Bor-
ghèse, Neuilly-sur-Seine.

    1399
    1400

SABATIER (Charles-Ludovic-Honoré), né à Salon
(Bouches-du-Rhône). — 129, rue Sainte, Marseille
(Bouches-du-Rhône).

    *1401   Vallon de Caramy à Tourves (Var).
    *1402   Au cap Martin, près Menton.

SAIN DE HEERS (Mme Emilie), née à Nanterre
(Seine). — 52, rue de Larochefoucauld, Paris.

*1403 Le bois d'amour (Pont-Aven).
*1404 Capri vu du vieil escalier.

SAINVILLE (Emmanuel de), né à Saint-Firmin-
des-Bois (Loiret). — 56, rue Notre-Dame-de-Lo-
rette, Paris.

*1405 Crépuscule (Ploumanach).
*1406 Sainte Wilgeforte, martyre (peinture
       à l'œuf).

SAMSON (Gustave), né à Granville. — 63, rue des
Juifs, Granville (Manche).

*1407 Étude de nu.
*1408 Grosse mer (étude).

SANQUIN (André), né à Auxerre. — 18, rue du
Mont-Cenis, Paris.

*1409 Vieux Montmartre (rue du Mont-Ce-
       nis).
*1410 Vieux Montmartre (rue Saint-Vin-
       cent).

SARDIN (Albert), né à Arcis-sur-Aube. — .13, rue de l'Yvette, Paris.

*1411 Lavoir breton.
1412 Portrait (Appartient à Mme C...).

SARRASIN (Hippolyte), né à Lyon. — 7, rue Garreau, Paris.

*1413 Nature morte.
*1414 Fleurs.

SARREMÉJEAN, né à Paris. — Boulevard de la Gare, Beauchamp (S.-et-O.).

1415 Un nuage (genre).

SARRUT (Paul-Camille-Georges), né à Grenoble (Isère). — 33, rue du Ranelagh, Paris.

1416 Portrait.
1417 Coin de Jardin.

SARTON (Victor), né à Paris. — 11 bis, rue Mansart, Paris.

*1418 Les Cressonnières à Veules-les-Roses.
*1419 Environs de Saint-Valéry-en-Caux.

SAUNIER (Edouard), né à Paris. — 10, faubourg
Montmartre, Paris.

  ***1420** Dessin à l'encre.
  1421 Etude.

SAUREL (Marc), né à Nîmes (Gard). — 23, boulevard Gouvion-Saint-Cyr, Paris.

  ***1422** Etude (pastel).
  ***1423** En Bretagne (peinture).

SAUSSE-JALLIET (Mme Anny-Denise), née à Paris. — 45, rue du Ranelagh, hameau Boulainvil-
liers, Paris.

  ***1424** Les poupées japonaises (dessin rehaus-
             sé de pastel, cadre chêne et étains
             repoussés).
  ***1425** A la cuisine.

SAUVÉ (Elie), né à Moret. — Rue de l'Electricité,
Moret (Seine-et-Marne).

  ***1426** Effet de neige (Moret).
  ***1427** Le donjon (Moret).

SCHERB (Constant), né à Schlestadt (Alsace). —
Villa Houdart, Alfort (Seine).

  ***1428** Dans le Doubs.
  ***1429** Le Soir.

SCHOEN (Daniel), né à Mulhouse (Alsace). — 21, quai de Bourbon, Paris.

*1430 Femme surprise.

SCHREIBER (Georges), né à Paris. — 3, rue Jules-César, Paris.

*1431 Colorations d'automne.
*1432 Vieux chemin en plaine.

SCHREIBER (Paul), Saint-Aignan (Loir-et-Cher). — 25, place Vendôme, Paris.

*1433 Pont de Londres.
*1434 La Valserine à Mijoux.

SCHUFFENECKER (Claude-Emile), né à Fresne-Saint-Mamès (Haute-Saône). — 2, passage Dantzig, Paris (Ruche Artiste).

*1435 Méditation.
*1436 Rochers sur l'eau.

SCHUH (Joseph), né à Losheim. — 41, rue Taitbout, Paris.

*1437 Calvaire de Boulogne.
*1438 Quais de Boulogne.

SCHUTZENBERGER (René), né à Mulhouse. —
2, rue Aumont-Thiéville, Paris.

> *1439 Le plateau.
> *1440 Le puits.

SCHÜTZ-ROBERT. — 119 *bis*, rue Notre-Dame-
des-Champs, Paris.

> 1441 Portrait du poète Mécislas Golbert (cro-
> quis au fusain).
> 1442 Portrait de G. Vaysman, auteur-com-
> positeur (appartient à M. G. Vays-
> man, à Reims).

SCOSSA (Ferdinand), né à Paris. — 190 ter, boulevard Saint-Michel, Paris.

> *1443 L'Etang de Triel (étude).
> *1444 La Seine à Triel.

SCHWETTE (Alex.), né à Riga (Russie). — 76,
rue Dutot, chez Matinsky.

> *1445 L'atelier.
> *1446 Nature morte.

SÉGUIN (Arsène), né à Saint-Malo. — 10, rue des
Buissons, La Garenne-Colombes (Seine).

> *1447 Un grain (marine).
> *1448 Clair de lune.

SÉLIGMANN (A.-O.), né à Karlsruhe (Bade). —
Le Pouldu, par Clohars-Carnoët (Finistère).

*1449 Ferme bretonne.
*1450 Sortie du port.

SÉON (Alexandre), né à Chazelles-sur-Lyon (Loire). — 11, rue Yvart, Paris.

*1451 Méditation (pastel).

SERIEIS (Félix), né à Magalas (Hérault). — 27,
rue de Citeaux, Paris.

*1452 Berck-Ville.
*1453 Soleil couchant sur le Libron (Hé-
rault).

SERREPUY (Jean), né à Pierrelatte (Drôme). —
26, rues des Belles-Feuilles, Paris.

*1454 Paysage dans l'Ardèche.
*1455 Bruyères le matin.

SÉRUSIER (Paul), né à Paris. — Châteauneuf-du-
Faou (Finistère).

*1456 Petite Bretonne.
*1457 Danse champêtre.

SERVAL (Maurice), né à Douai (Nord). — 1, boulevard Exelmans, Paris.

> *1458   La Seine au Point du Jour (neige) pastel.
> *1459   Au Bois de Boulogne (pastel).

SEVERINI (Gino). né à Rome (Italie). — 22, rue Turgot, Paris.

> 1460   Portrait de M. Declide.
> 1461   Portrait de Mme Declide.

SHORE-BETHEA (E.), né aux Indes-Anglaises. — 51, boulevard Saint-Jacques, Paris, et 40, Rossetti Mansions, Chelsea, Londres.

> *1462   La toilette.
> *1463   L'aubépine.

SIBERTIN-BLANC (René), né à Paris. — 4*bis*, rue Vital, Paris.

> *1464   Grand arbre (crayon).
> *1465   L'allée (crayon).

SICKERT, né à Londres. — 12, Pembroke Gardens, Londres.

> *1466   L'affaire de Camden Town.

SIDOLI (Pacifico), né à Plaisance (Italie). — rue
Campagne-Première, 13 *bis*, Paris.

    *1467 Les fantômes du passé.
    *1468 Tête de jeune femme.

SIGNAC (Paul), né à Paris. — 16, rue La Fontaine,
Paris.

    *1469 La place aux Herbes (Vérone).
    *1470 Le Rédempteur (Venise).
           (Appartiennent à MM. Bernheim
           jeune et Cie).

SIMON (Mme Mélanie-Blanche), née à Paris. —
25, rue Montbrun, Paris, et 31, rue Berthelot, au
Grand-Montrouge (Seine).

    1471 Rêverie (effet de lumière, étude).
    *1472 Fleurs, bruyère, pivoines.

SIMON (Maxime), né à Paris. — 22, rue Denfert-
Rochereau, Paris.

    *1473 Le café filtre.
    *1474 Dessus de porte (peinture à la colle).

SIMONNET (Mlle Jeanne), née à Paris. — 3, rue des Rouillis, Sèvres (Seine-et-Oise).

    *1475 L'avant-port de Saint-Malo.
    *1476 Le bassin d'Arcachon.

SMELOFF (Paul), né à Kazan (Russie). — 19, rue de la Glacière, Paris.

    *1477 Paysage.
    *1478 Etude.

SON (Johannès), né à Lyon. — 30, rue Fontaine, Paris.

    *1479 A Venise.
    *1480 Rio Santa Marnia (Venise).

SOUPLET (Fernand), né à Paris. — 72, avenue de Villiers, Paris.

    *1481 Variétés de Bégonias (aquarelle).
    *1482 Géraniums et Plonbagos (aquarelle).

SPRECKELSEN (Anna von), née à Brême (Allemagne). — 5, rue Léopold-Robert, Paris.

    *1483 Portrait de M. F. Morse.
    *1484 La brodeuse.

STAPFER (Henri), né à Tours. — Chez M. Blanchet, 38, rue Bonaparte, Paris.

  *1485 Etude à Biskra.
  *1486 Etude à Biskra.

STARKE (Emile-Konrad), né à Lenben. — *27 bis*, avenue Montsouris, Paris.

  *1487 Paysage (matin).
  *1488 Femme nue couchée.

STARKIE (Marie), née à Saverne (Alsace). — 33, boulevard des Invalides, Paris.

  *1489 Intérieur.
  *1490 Fox-terrier.

STERN (Marie), née à Mayence-sur-Rhin. — Guiollettstrasse, 1, Francfort-sur-Mein.

  1491 Gertrude.
  1492 Portrait de mon fils.

STETTLER (Mlle Marthe), née à Berne (Suisse). — 84, rue d'Assas, Paris.

  *1493 Le Jardin public.
  *1494 Au soleil.

STREIB (Georges), né à Paris. — 4, rue Beaunier, Paris.

> ***1495** La Commanderie de l'Ordre de Malte de Neuilly-sous-Clermont (Oise), XIIIe siècle.
>
> ***1496** Cour de ferme à Neuilly-sous-Clermont (Oise).

SYLVANY (Michel), né à Paris. — 117, rue Notre-Dame-des-Champs, Paris.

> Quatre aquarelles :
> ***1497** 1. Nocturne; 2. Nocturne; 3. Metzengersten; 4. Chiffonnière.
> **1498** Eros pleure (en voie d'exécution).

TARDY (Désiré), né à Saulieu (Côte-d'Or). — 23, de Chézy, Neuilly-sur-Seine.

> ***1499** Vieilles maisons dans le Morvan.
> ***1500** Sentier fin d'hiver dans le Morvan.

TARKOFF (Nicolas), né à Moscou. — 7, rue Belloni, Paris.

> ***1501** Maternité.
> ***1502** Nature morte.

TATIN (Emile), né à Marseille. — 101, rue Caulaincourt, Paris.

    ***1503** La Cure près Arcy (Yonne).
    ***1504** Vallée de la Cure près Bessy (Yonne).

TAYLOR (Louis), né aux Etats-Unis. — Marlotte
(S.-et-M.).

    ***1505** Beg-Meil.
    ***1506** Pont-Aven.

TCHOUYCO (Michel), né en Russie. — 92, rue
Daguerre, Paris (chez M. Tchinarsny).

    ***1507** Paysage (Petite-Russie).
    ***1508** Moulin Rouge (Petite Russie).

TEDESCHI (Marguerite), née à Paris. — Rue
Johnson, Maisons-Laffitte.

    ***1509** Le Moulin.
    ***1510** Souvenirs de Hollande :
            Maria ; Vieille Frau ; Nintje ; Ma-
            ria ; Canal à Dordrecht.

TERRUS (Etienne), né à Elne. — Elne (Pyrénées-
Orientales).

    ***1511** Paysage.

TERRY (Joseph-Alfred), né à York. — The Firs,
Sleights, R. S. O. Yorks (Angleterre).

> ***1512** La fête du soir.
> ***1513** Les connaisseurs.

TESTARD (Maurice), né à Paris. — 18, rue de
Chabrol, Paris.

> ***1514** Etats des compositions gravées sur
> bois, par l'artiste, pour l'illustration de
> son livre : *Les Masques de verre* (ti-
> rage de luxe).
> ***1515** Le collectionneur de papillons (dessin
> original à la flamme et en couleurs).

TÉTARD (Mme Blanche), née à Dijon (Côte-d'Or).
3, villa Brune, Paris.

> ***1516** ...Egalité, Fraternité.
> ***1517** Un instant de repos.

THIBÉSART (Raymond), né à Bar-sur-Aube. —
Champigny-sur-Marne (Seine).

> ***1518** Bords de la Riviera.
> ***1519** Effet de neige.

THOMAS-JEAN, né à Marseille. — 52, rue de Bourgogne, Paris.

    *1520 Figure.
    *1521 Paysage.

THOMAS (Pierre), né à Limoges. — 1, chemin de la Borie, Limoges (Haute-Vienne).

    *1522 Pêches.
    *1523 Rue de Village.

THOMPSON (Gabriel), né à Bridgwater. — 16, impasse du Maine, Paris.

    *1524 Château Gaillard.
    *1525 Fille s'habillant.

TIRARD (Mlle Andrée), née à Croissy. — 112, boulevard Malesherbes, Paris.

    *1526 Le vase bleu.
    *1527 Etude.

TIRMAN (Mlle Jeanne-Henriette), née à Charleville (Ardennes). — 22, rue de l'Yvette, Paris.

    *1528 Nature morte.
    *1529 Nature morte.

TISSERAND (Henri), né à Besançon. — 16, rue
La Fontaine, Paris.

    *1530   Les brisants de Goulgaden (Belle-Isle),
            houle, soleil couchant.
    *1531   Les brisants de Goulgaden (Belle-Isle),
            grande houle, brume.

TIXIER (Daniel), né à Châteauroux. — 7, rue
Lakanal, Grand-Montrouge (Seine).

    *1532   Au coin du feu.
    *1533   Dans le jardin.

TORENT (Evelio), né à Badalona (Espagne). —
20, rue des Martyrs, Paris.

    *1534   La chaleur du soleil (Espagne).
    *1535   Maison de Pepe, Grenade (Espagne).

TORNIER (Pierre), né à Paris. — 7, rue d'Abbe-
ville, Paris.

    *1536   Dahlias.
    *1537   Chrysanthèmes.

TRAFER (Marius), né à Cambrai (Nord). — Ciboure (Bordagain) (Basses-Pyrénées).

>*1538 Fin de journée d'octobre à Romardy (Basses-Pyrénées).
>*1539 Rue Beynol à Ciboure (Basses-Pyrénées).

TRAITEUR (Georges), né à Saint-Denis. — 12, rue Saint-Etienne-du-Mont, Paris.

>1540 Douleur.
>1541 Etude (nu).

TROTTER (Mary-Kempton). — 51, avenue de l'Observatoire, Paris.

>1542 Crépuscule.
>1543 La ferme.

TROUBLÉ (Georges), né à Paris. — 37, avenue du Roule, Neuilly.

>1544 Vieux chêne à Barbizon.
>1545 Vieux chêne à Barbizon.

TROUVILLE (Henri). — 7, rue Faraday, Paris.

>*1546 Paysage (dessin au pastel).
>*1547 Paysage (dessin au pastel).

TULLAT (Victor), né à Paris. — 7, rue Rivay, Levallois-Perret (Seine).

    *1548 Mme Chrysanthème et sa fille (paravent en 4 feuillets).

TURIN (André), né à Paris. — 12, rue des Pyramides, Paris.

    *1549 Jour de Targa (Martigues).
    *1550 Maison de Ziem (Martigues).

URBAIN (Alexandre), né à Ste-Marie-aux-Mines. 21, quai de Bourbon, Paris.

    *1551 Jeune homme.
    *1552 Etude.

URTIN (Paul-François-Marie), né à Grenoble. — 33 *bis*, boulevard de Clichy ,Paris.

    *1553 Au coin du feu.
    *1554 La vieille récureuse.

VAILLANT (Pierre-Henri), né à Paris. — 7, rue de Bagneux.

    1555 Sur les toits.
    1556 La chaumière au grand arbre.

VALLÉE (Ludovic), né à Paris. — 23, rue de la Glacière, Paris.

1557 La plage des Dames (Douarnenez).
1558 Le Port de Douarnenez.

VALLOTTON (Félix). — 59, rue des Belles-Feuilles, Paris.

*1559 Baigneuse.

VALENSI (Henry), né à Alger. — 31, rue Saint-Lazare, Paris.

*1560 Au bord de l'eau à Villette.
*1561 L'arbre jaune à Villette.

VALTAT (François-Victor), né à Paris. — 17, rue Montebello, Versailles.

1562 Effet d'automne.
1563 Etude.

VALTAT (Louis), né à Paris. — Chez M. Vollard, 6, rue Laffitte, Paris.

*1564 Paysage.
*1565 Paysage.

VALTON (Edmond-Eugène), né à Paris. — Rue
Saint-Vincent, Maule (Seine-et-Oise).

*1566   L'école buissonnière.
*1567   Place de Laruns (Pyrénées).

VAN RYSSEL (Paul), (Dr GACHET), décédé.

1568   Le vieux noyer (Auvers-sur-Oise).
1569   L'ancienne route (Auvers-sur-Oise).

VAN RYSSEL (Louis), né à Auvers-sur-Oise. —
Auvers-sur-Oise (S.-et-O.).

*1570   La Seine au pont de l'Alma.

VASNIER (Charles), né à Caen. — 26, rue Ponce-
let, Paris.

*1571   Paresse.
*1572   Indolence.

VASQUEZ DIAZ (Daniel). — 85, rue Lamarck,
Paris.

1573   Paysans et cheval andalous.
1574   Type de Toréador.

VAUTHRIN (Ernest), né à Rochefort-sur-Mer. — 16, rue Copernic, Paris.

> *1575 Dans le port (Concarneau).
> *1576 Paysage (Bretagne).

VEILLET (Alfred), né à Ezy (Eure). — Freneuse, par Bonnières-sur-Seine (S.-et-O.), et chez M. Camentron, 43, rue Laffitte, Paris.

> *1577 La Seine à Freneuse.
> *1578 Saoud.

VERHOEVEN (Jan), né à Amsterdam. — 13, rue Girardon, Paris.

> 1579 Le ballet.
> 1580 Nature morte.

VIGOUREUX (Paul), né à Paris. — 54, avenue du Maine, Paris.

> *1581 Environs de Grenade.
> *1582 L'Alhambra.

VILLARD (Antoine), né à Mâcon (S.-et-L.). — 60, boulevard de Clichy, Paris.

> *1583 Coin de Montmartre en hiver.
> *1584 Coin de Montmartre avec la neige.

VILLÉON (Emmanuel de la), né à Fougères (Ille-et-Vilaine). — 94, rue du Bac, Paris.

*1585 Paysage nivernais.
*1586 Sous bois l'hiver.

VIOLLETTE (M᠎ᵐᵉ Eugénie), née à Saint-Julien (Haute-Savoie). — 129, boulevard Montparnasse, Paris.

1587 Fleurs.
1588 Intérieur.

VIOLLIER (Georges), né à Genève. — 212, boulevard Raspail, Paris.

*1589 Printemps.
*1590 Portrait de Mme G...

VIOTTI (Jean), né à Campertogno (Italie). — Evian-les-Bains (Haute-Savoie).

*1591 Paysage.
*1592 Paysage.

VISCONTI (Bice), né à Milan. — Borgo Ticino per Vernno, Province de Novara (Italie).

*1593 Le châle de Como.
*1594 Petites paysannes (étude).

VOLOT (Jacques), né à Blois. — 42, **rue Ribéra**, Paris.

1595 Etude de nu.

VUILLARD (Edouard), né à Cuiseaux. — 26, rue de Calais, Paris.

*1596 Scène dans un jardin.
*1597 Intérieur.

WAGUET (Lewis), né à Guemps. — 1, rue Cervantès, Paris.

*1598 Soir d'automne.
*1599 Le ruisseau.

WAROQUIER (Henry de), né à Paris. — 7, rue Daguerre, Paris.

*1600 La côte d'Arradon en plein soleil (1908).
*1601 3 dessins de l'Ile aux Moines (1908).

WAROQUY (André), né en Alsace-Lorraine. — 15, avenue Laumière, Paris.

*1602 Le petit déjeuner.
*1603 Intérieur.

WÄTJEN (Otto de), né à Dusseldorf (Allemagne).
— 65, rue de Douai, Paris.

***1604** Nature morte.
***1605** Femme couchée.

WEBER (Henri), né à Pétersbourg (Russie). —
18, rue Vulpian, Paris.

1606 Moulin à W... (aquarelle sur toile).
1607 Quatre aquarelles dans un cadre :
    1. Automne, crue de l'Huisne (Le
    Mans).
    2. Rue des Tanneries (13ᵉ arrond.).
    3. La pierre à Cambot, bois de Ver-
    nand (Lausanne).
    4. Soir : vieilles maisons à Mont-
    Saint-Jean (Sarthe).

WEERT (Mᵐᵉ Anna de), née à Gand (Belgique). —
1, rue des Hospices, Gand.

***1608** Ombre et lumière.
***1609** La barrière (matin d'automne).

WELLS (Theodoria-Mary), née à Londres.— Dang-
stein Cottage, Rogate-Petenfield (Angleterre).

***1610** Cuivres anciens.
***1611** Rochers au sommet.

WEISMANN (Jacques), né à Paris. — 18 et 22, rue Saint-Ferdinand, Paris.

> *1612   Fantaisie, genre portrait (pastel).
> *1613   Faisan (pastel).

WHEELER (Margaret-É.), née en Angleterre. — 8, rue Garancière, Paris.

> *1614   Coin d'appartement.
> *1615   Intérieur.

WESSELHOEFT(Mary-I.), née à Boston (Massachusetts, U. S. A.). — 3, rue Campagne-Première, Paris.

> *1616   Dessin de vitraux (couleur).
> *1617   Dessin de vitraux (couleur).

WILDER (André), né à Paris. — 4, rue Aumont-Thiéville, Paris.

> *1618   Voilier à Dordrecht.
> *1619   Le Solidor (Saint-Servan).

WILHEMS (James), né au Mans. — 2, rue de Marseille, Paris.

> *1620   Le palais ducal et la Salute (Venise).
> *1621   Le port de Marseille.

WISLIN (Charles), né à Gray (Haute-Saône). —
28, rue Ballu, Paris.

> ***1622** Marée basse, baie du Hénant (Finis-
> tère).
> ***1623** Larchant (S.-et-M.), novembre.

WOLFF (Mme Sophie), née à Berlin. — 58, rue
d'Assas, Paris.

> ***1624** Groupe d'enfants.
> ***1625**

XIRO (José), né en Espagne. — 13 *bis,* rue Henri-
Monnier, Paris, et 10, pasaje Mercader, Barce-
lona.

> ***1626** Nocturne Egyptien.

YEMENIZ (Mme Thérèse), née à Lyon. — 11, rue
de l'Université, Paris.

> ***1627** Vue de Notre-Dame.
> ***1628** Vue de Pont-Royal.

YERME (Emile), né à Mulhouse (Alsace). — 26 *bis,*
rue Nansouty, Paris.

> ***1629** Nature morte.
> ***1630** Paysage.

YSERN Y ALIÉ (P.), né à Barcelone. — 130 *ter*, boulevard de Clichy, Paris.

*1631 Le quadrille.

ZAK (Eugène), né à Varsovie. — 18, impasse du Maine, Paris.

*1632 Tableau.
*1633 Tableau.

ZAVADZINSKI (Czeslaw), né à Varsovie (Pologne). — 65, boulevard Arago, Paris.

*1634 Nature morte.
*1635 Tête de femme.

ZEZZOS (Georges), né à Venise (Italie). — 16, boulevard Edgar-Quinet, Paris.

*1636 L'actrice.
*1637 La tasse de thé.

SUPPLÉMENT

AGARD (Charles), né en Dordogne. — Nesles-la-
Vallée (S.-et-O.).

> *1638 La descente (Automne).
> *1639 La passerelle.

BARBIER (André), né à Arras. — 20, quai d'Orléans, Paris.

> *1640 Notre-Dame de Paris.
> *1641 Pluie d'automne (impression).

BEISSIER (Hector), né à Avignon. — 10, boulevard de Strasbourg, Paris.

> *1642 Etretat.
> *1643 Portrait d'enfant.

BERNOUARD (Mlle Albertine), née à Paris. — 271, rue Saint-Jacques, Paris.

> *1644 Roses et bleuets.
> o *1645 Fruits et fleurs.

BESNARD (A.). — 17, passage Davy, Paris.

> *1646 Soleil et neige (château de Barbe-Bleue.
> *1647 Neige (Enghien).

BOULONGNE (Paul de), né à Marseille. — 2, rue Aumont-Thiéville, Paris.

> 1648 Le matin (statuette biscuit).
> 1649 Le soir (statuette biscuit).

DRÉSA (Jacques), né à Versailles. — 23, rue Oudinot, Paris.

> *1650 Giroflées roses dans un pot persan.
> *1651 Maison de béguine à Bruges.

DROUART (Raphaël), né à Choisy-le-Roi. — 22,
rue Denfert-Rochereau, Paris.

***1652** Nature morte.
***1653** Etude de nu.

DUPUIS (Géo), né au Havre. — 119, rue Thiers,
Le Havre.

1654 Le Vornier (soleil).
1655 Nature morte.

FOLSOM (E.-T.), né aux Etats-Unis d'Amérique. —
78, rue d'Assas, Paris.

***1656** Coin de jardin.
***1657** Le jardin.

GARNOT (André), né à Paris. — 3, rue Mollien,
Paris.

***1658** Intérieur sombre.
***1659** Intérieur clair.

GRANSART (Eugène), né à Paris. — 15, rue Cauchois, Paris.

1660 Pont de Meulan (par le brouillard).

GROS (Lucien), né à Pau. — Tarbes (Hautes-Pyrénées).

1661 Plaine de Bagnères-de-Bigorre.
1662 Plaine de Tarbes.

GUTTERO (Alfred), né à Buenos-Ayres. — 24, rue Morère, Paris.

***1663** La Seine au Pecq.
***1664** Vieilles maisons à Auvers.

HERBIN (Auguste), né à Quievy. — 73, rue Notre-Dame-des-Champs, Paris.

***1665** Portrait.
***1666** Nature morte.

KALKUS (André), né à Doubno (Russie). — 4, impasse Vandamme, Paris.

***1667** Le canal.
***1668** Les Bretons.

KANDINSKY (W.), né à Moscou (Russie). — Alhmillerstr. 36/11 Munich.

***1669** Nuages rouges.
***1670** Nuage bleu.

KOROCHANSKY (Michel), né à Odessa (Russie).
— Montigny-sur-Loing (S.-et-M.).

*1671 Le village de la Chanière (Normandie).
*1672 Forêt de Fontainebleau (bruyères, effet du soir).

KROUGLICOFF (Mlle Elisabeth), née à Saint-Pétersbourg. — 17, rue Boissonade, Paris.

*1673 Une ferme en Belgique.
*1674 Les cochons (eau-forte).

LAFONT. — 5, boulevard Antoine-Gautier, à Bordeaux.

1675 Rose.
1676 Portrait de M. R...

LATOUR (Tristan de). — 16, rue Cortambert, Paris.

*1677 Sous bois (n° 18).
*1678 Sous bois (n° 19).

LAUVRAY (Abel), né à Rennes. — 10, avenue Bosquet, Paris.

*1679 Paysage à Vetheuil.
*1680 Paysage à Vetheuil.

LENOIR (Mme Suzanne), née à Paris. — 19, rue de Médicis, Paris.

1681 Portrait de M. M...

LOISELLE (Georges-Marie-Louis), né à Paris. — 45, rue de Sèvres, Paris.

*1682 Soir sur l'étang.
*1683 Pêches et raisins.

LUPIN (Ch.), né à Lyon. — 5, rue Clodion, Paris.

1684 Les châtaigniers (paysage).
1685 Etudes de nu en plein air (cinq petites études en un cadre).

MARSHALL (T. William). — Palagaccia, Bastia (Corse), villa Antime Emmanuole.

*1686 Etude au cap Core.
*1687 Etude au cap Core.

MONTEXIER (G. S.), né à Paris. — 81, rue des Saints-Pères, Paris.

*1688 Nature morte.
*1689 Vieux livres.

POIGNANT (Albert), né au Mans. — 169, rue Voltaire (Le Mans).

> *1692 Le soir (vallon à Erquy, Côtes-du-Nord).
>
> *1693 Derniers rayons (Erquy, Côtes-du-Nord).

PORTAIT-DARCY (Gabrielle). — 28, rue Henri-Monnier, Paris.

> *1694 Nature morte.
>
> *1695 Nature morte.

POZIER (Jacinthe), né à Paris. — Eragny, par Gisors (Eure).

> *1696 Au Moulin du Plessis (Pont-Aven).
>
> *1697 Chemin de Bourgneuf (Pont-Aven).

SYNODI (Dimitri), né en Russie méridionale. — 163, rue du Château, hôtel du Globe, Paris.

> *1698 Un naufrage.
>
> *1699 Dans les montagnes.

VALTAT (Louis). — Chez M. Vollard, 6, rue Laffitte, Paris.

> *1700 Paysage (fleurs).
>
> *1701 Paysage (fleurs).

VAN DE VELDE (Louis), né à Lille.— Villa Alix,
Camon, par Amiens (Somme).

*1702 Vieux moulin à eau (Picardie).
*1703 Femme nue (étude).

Le Garde-Meuble Public

AGRÉÉ PAR LE TRIBUNAL

BEDEL & Cie

BUREAUX . . { 18, Rue Saint-Augustin ;
18, Avenue Victor-Hugo (Passy).

MAGASINS. . { Rue Championnet, 194 (Av. de St-Ouen);
Rue Lecourbe, 308 (Vaugirard);
Rue de la Voûte, 14 (Reuilly);
Rue Véronèse (Gobelins);
Rue Barbès, 16, à Levallois-Perret.

PARIS

Transports de Tableaux aux Expositions

La Maison **BEDEL & C**^{ie} (18, rue St-Augustin)
se charge, aux conditions suivantes, du transport
dans Paris des œuvres d'art destinées aux Expo-
sitions :

Tableaux ne dépassant pas 1 *mètre de côté :* **1** fr. **50**
—   —   1^m50   —   **2** fr. »
—   —   2 *mètres* —   **3** fr. »

Pour les tableaux de plus de 2 mètres, envoyer les
dimensions pour avoir les prix.

MAGASINAGE DE TABLEAUX

Pour conserver dans nos Magasins les Tableaux
que les Artistes ne peuvent reprendre immédia-
tement chez eux :

Prix par mois :

Tableaux ne dépassant pas 1 *mètre de côté :* **1** fr. »
—   —   1^m50   —   **1** fr. **50**
—   —   2 *mètres*   —   **2** fr. **50**

Plus, **0** *fr.* **30** *par mille francs et par mois pour l'assu-
rance contre l'incendie.*

L'ÉMANCIPATRICE *(IMPRIMERIE COMMUNISTE)*

3, RUE DE PONDICHÉRY. — PARIS (XVᵉ)

1909